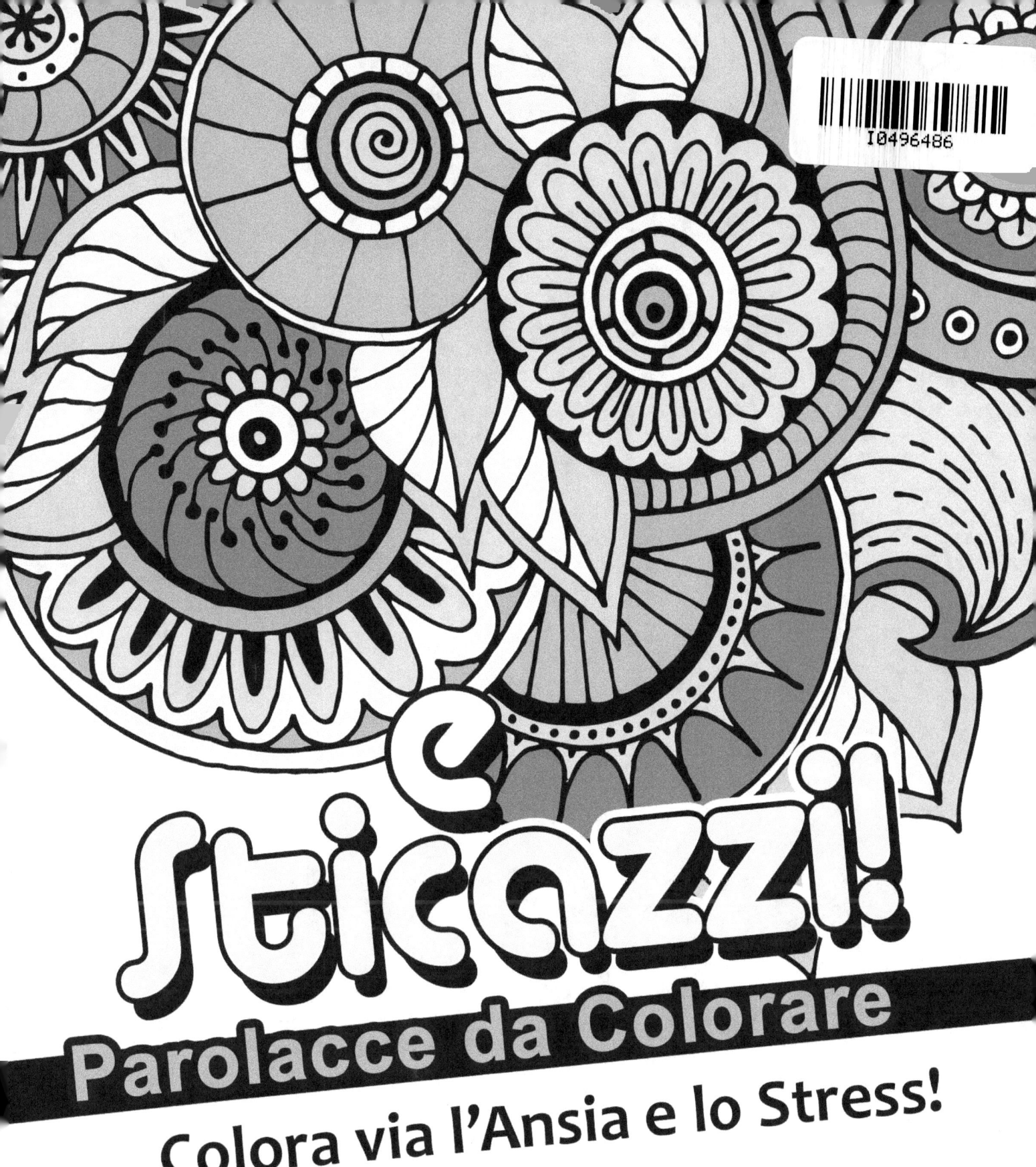

Copyright, all right reserved.
Nessuna parte di questo libro può essere riprodotta
senza il consenso dell'autore

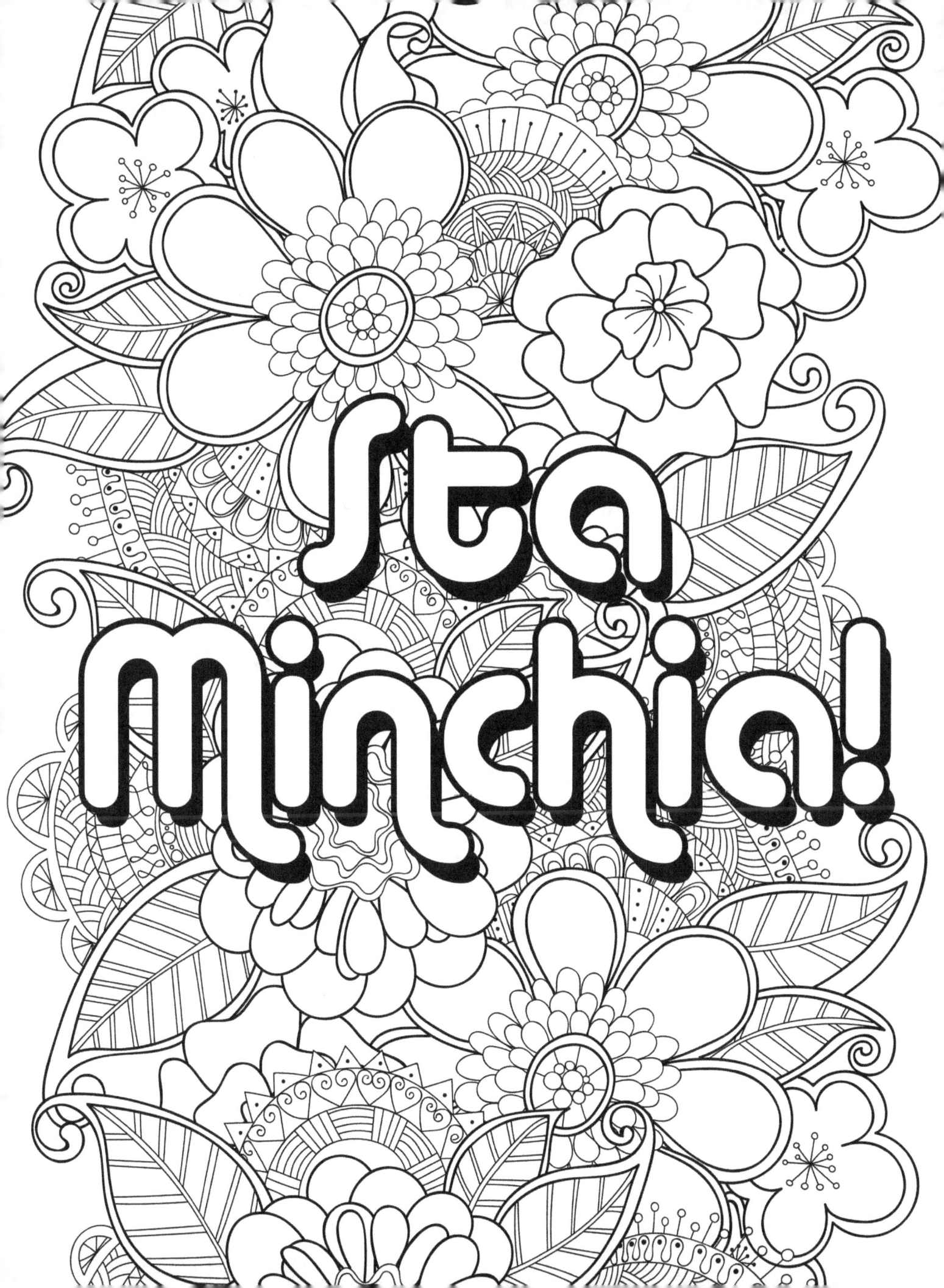

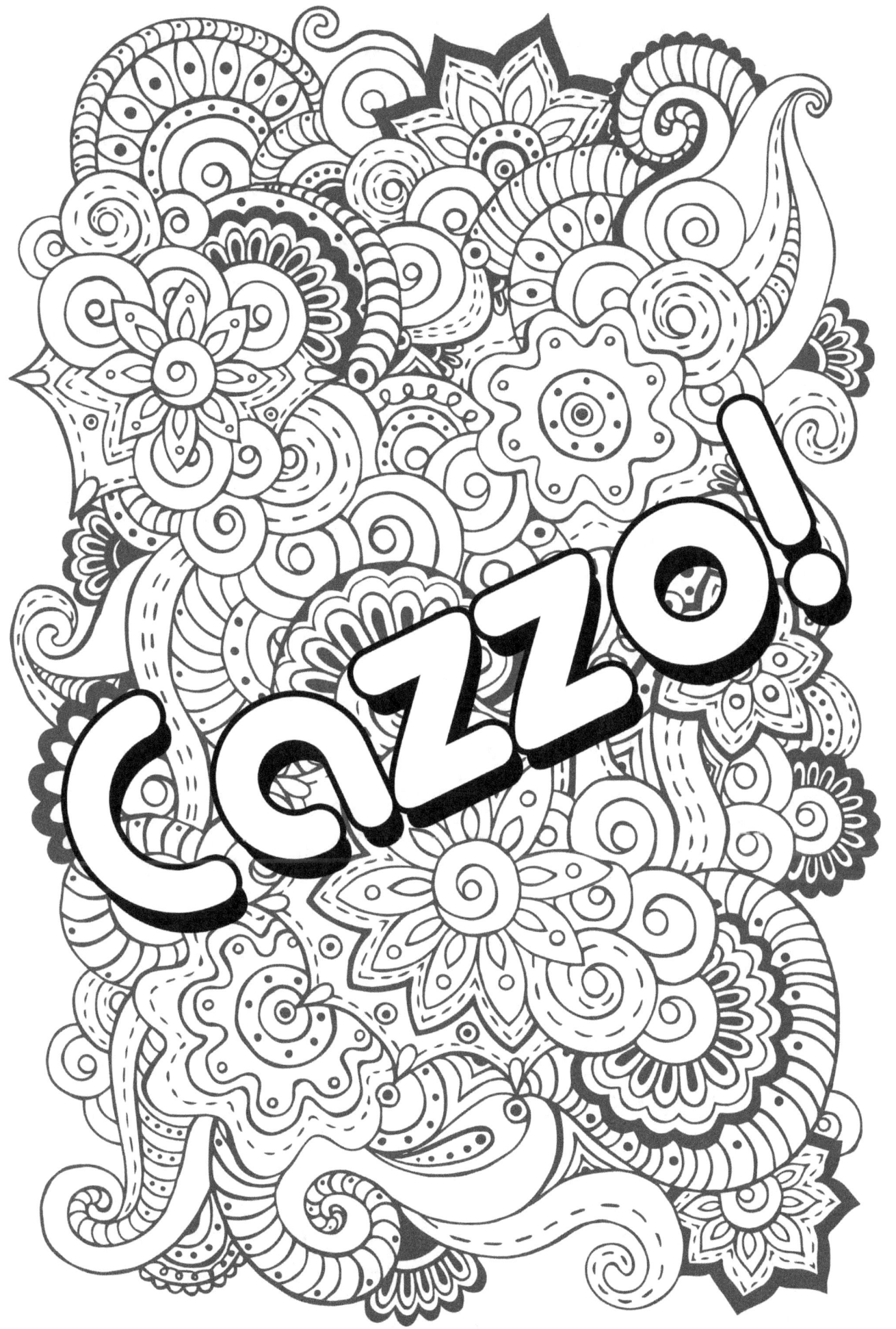

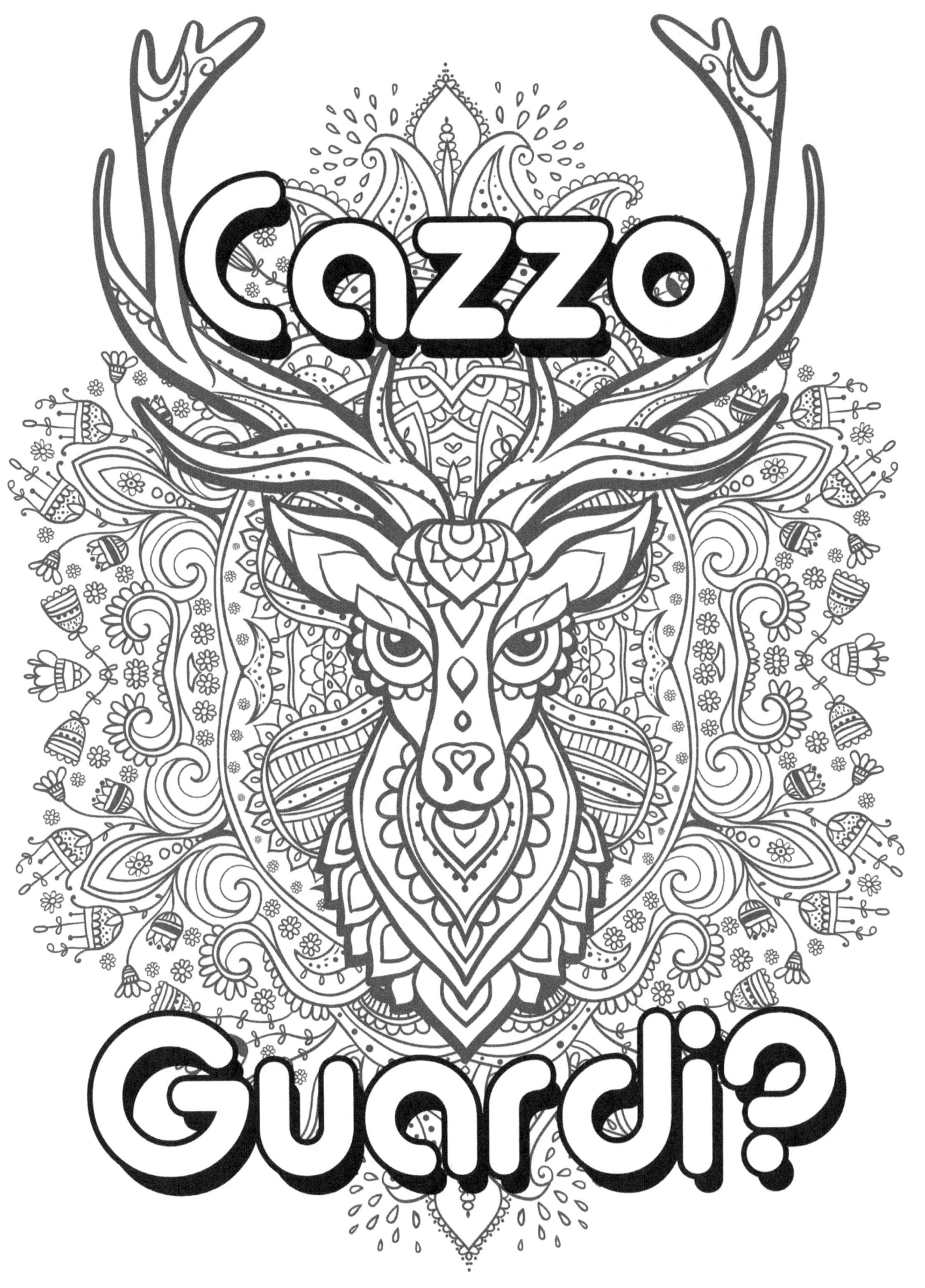

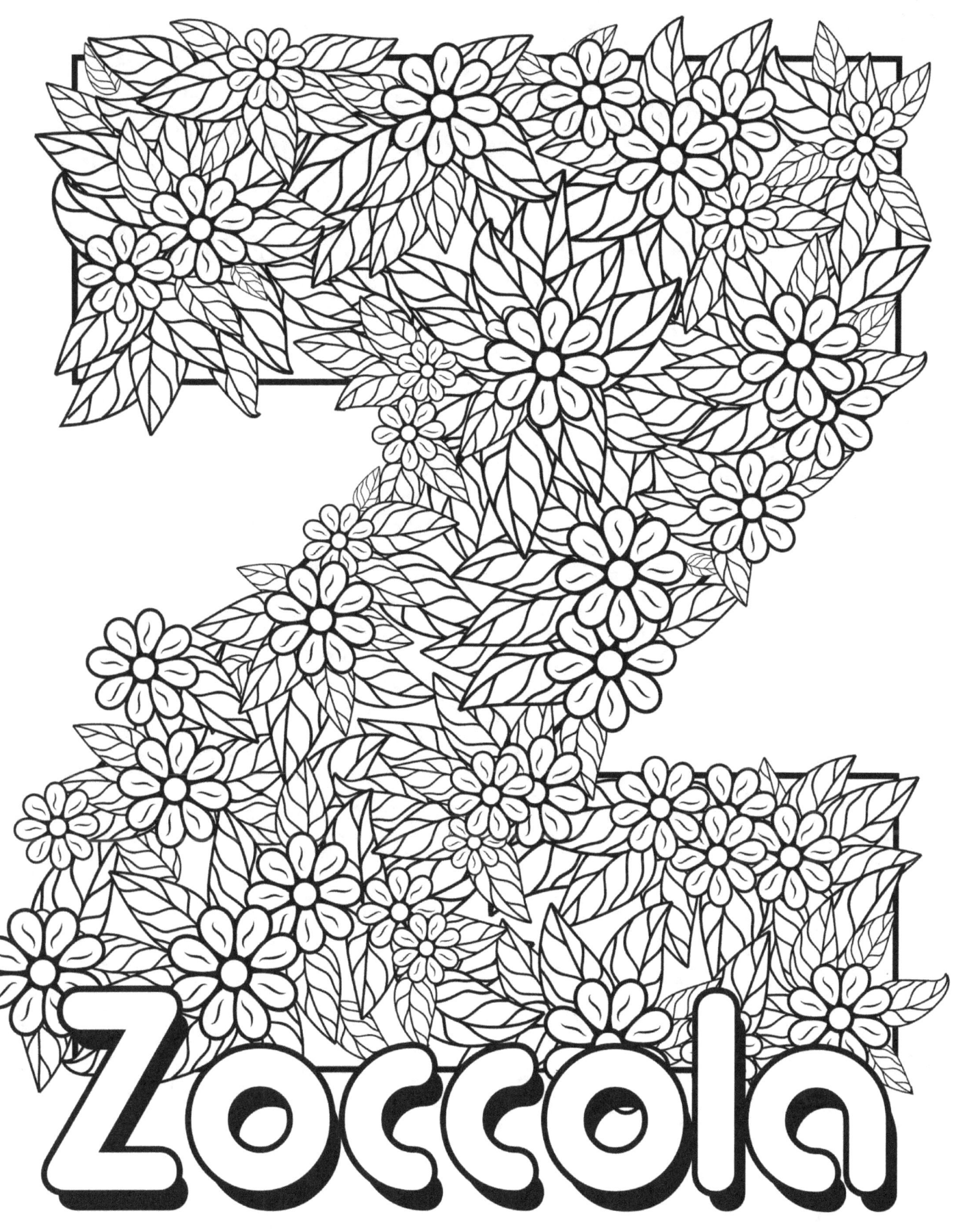

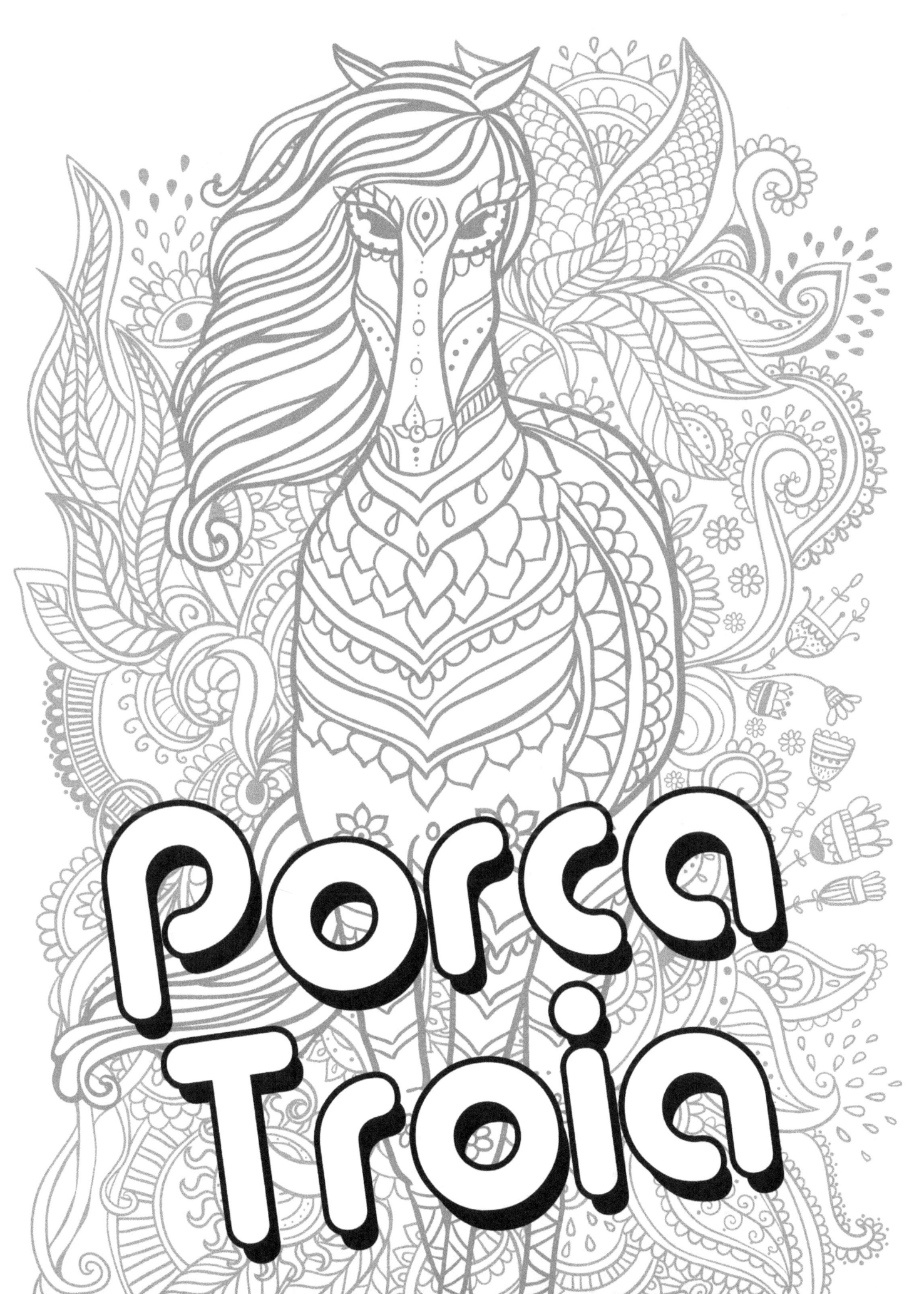

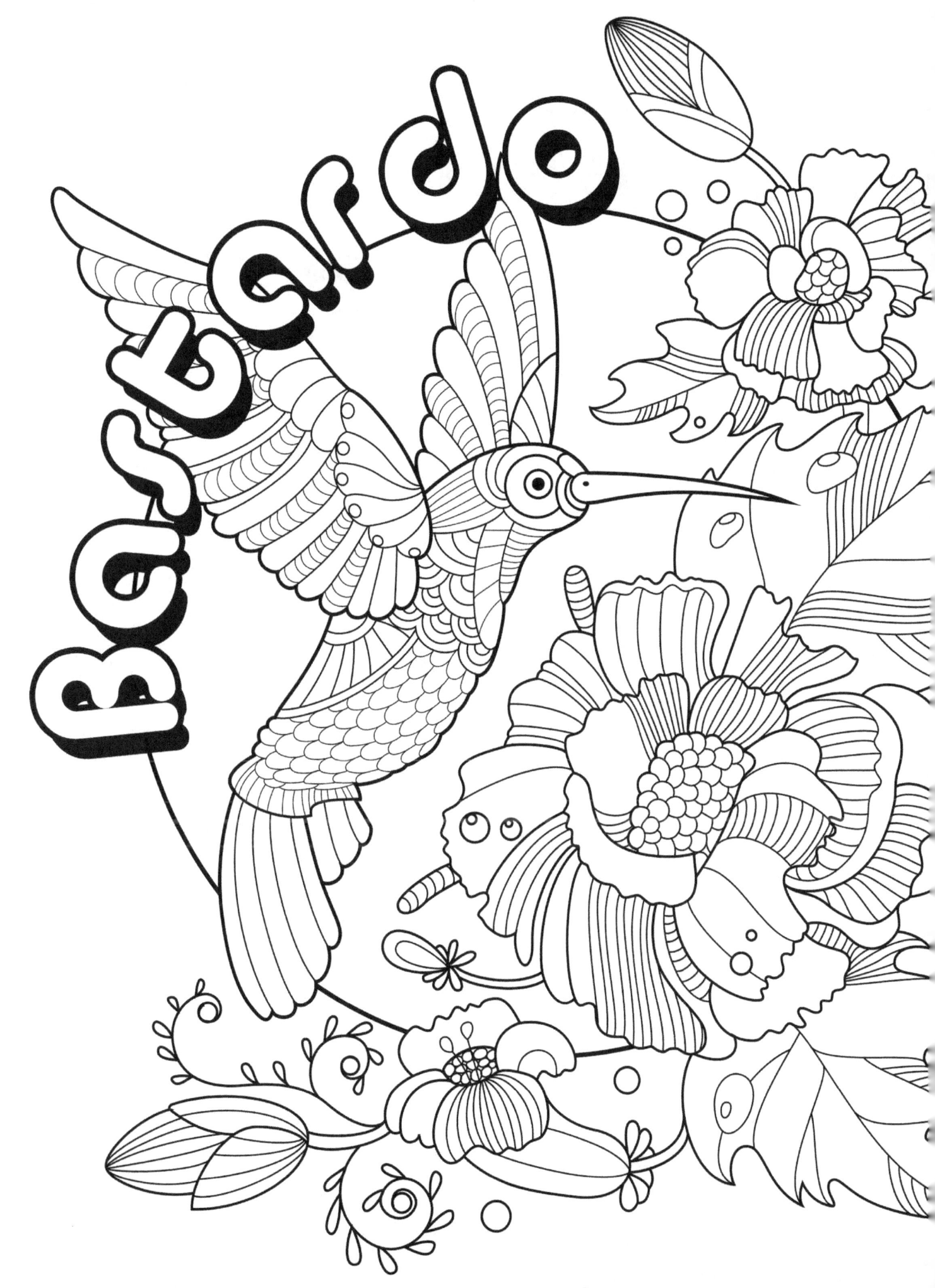

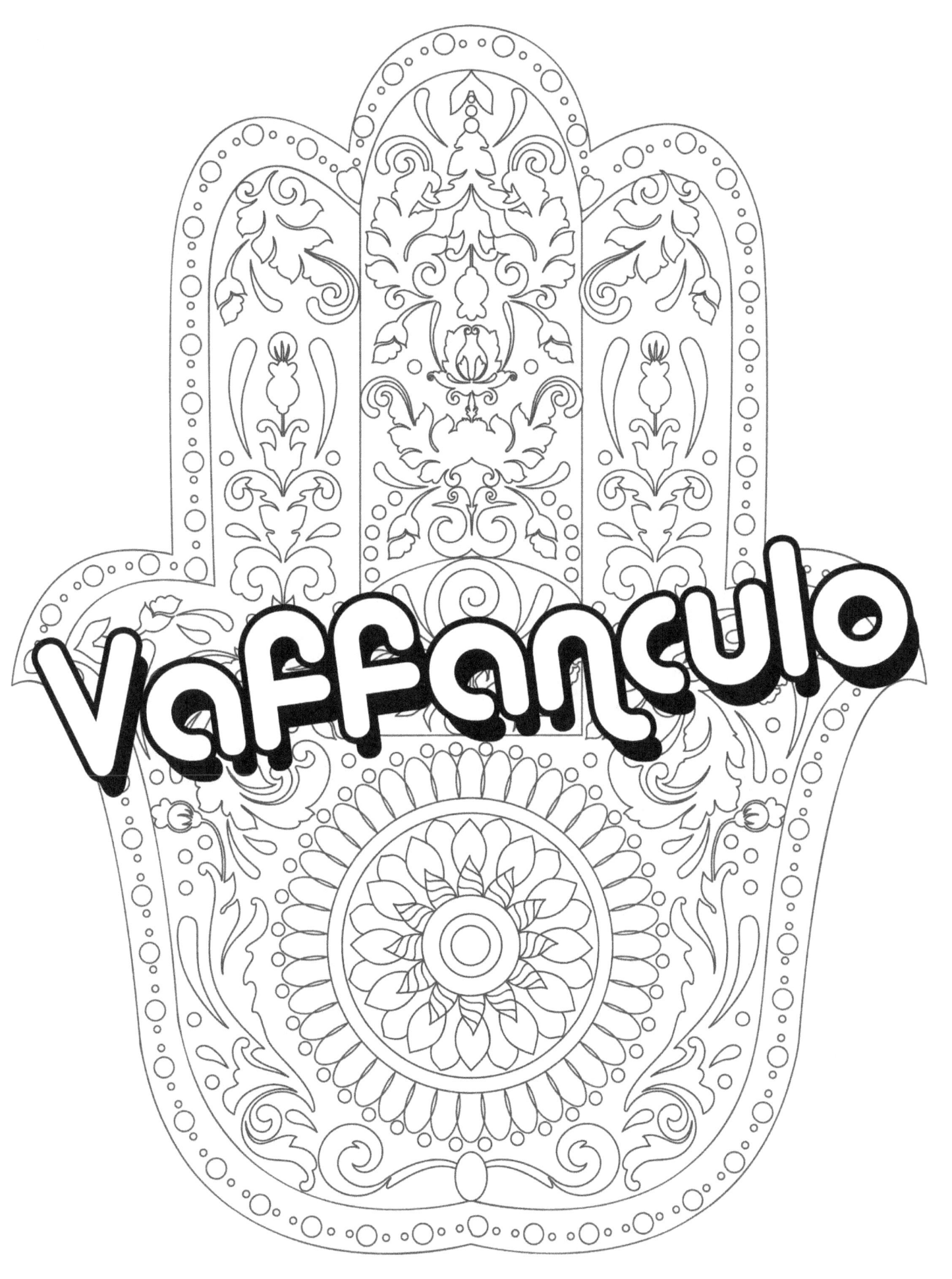

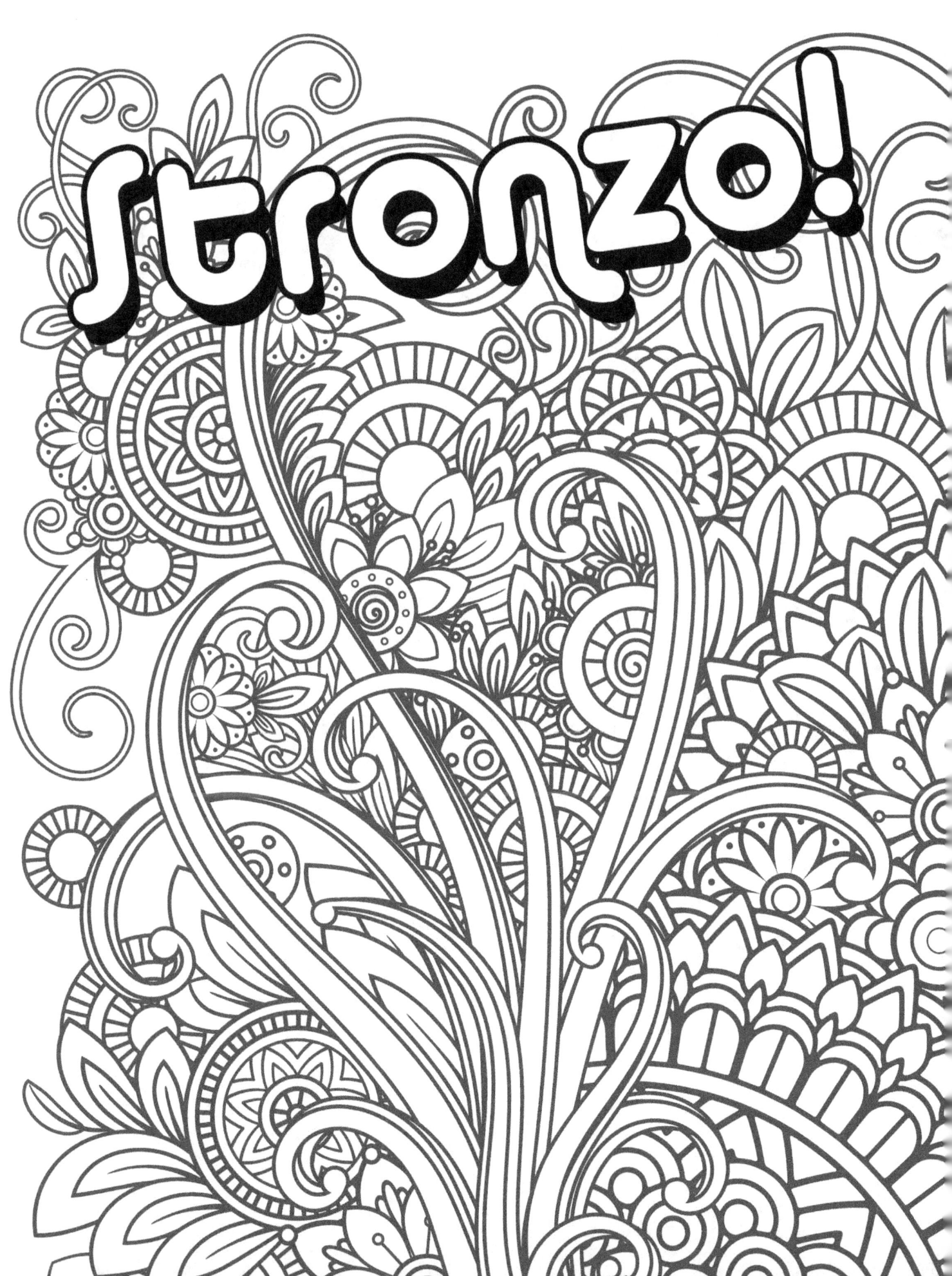

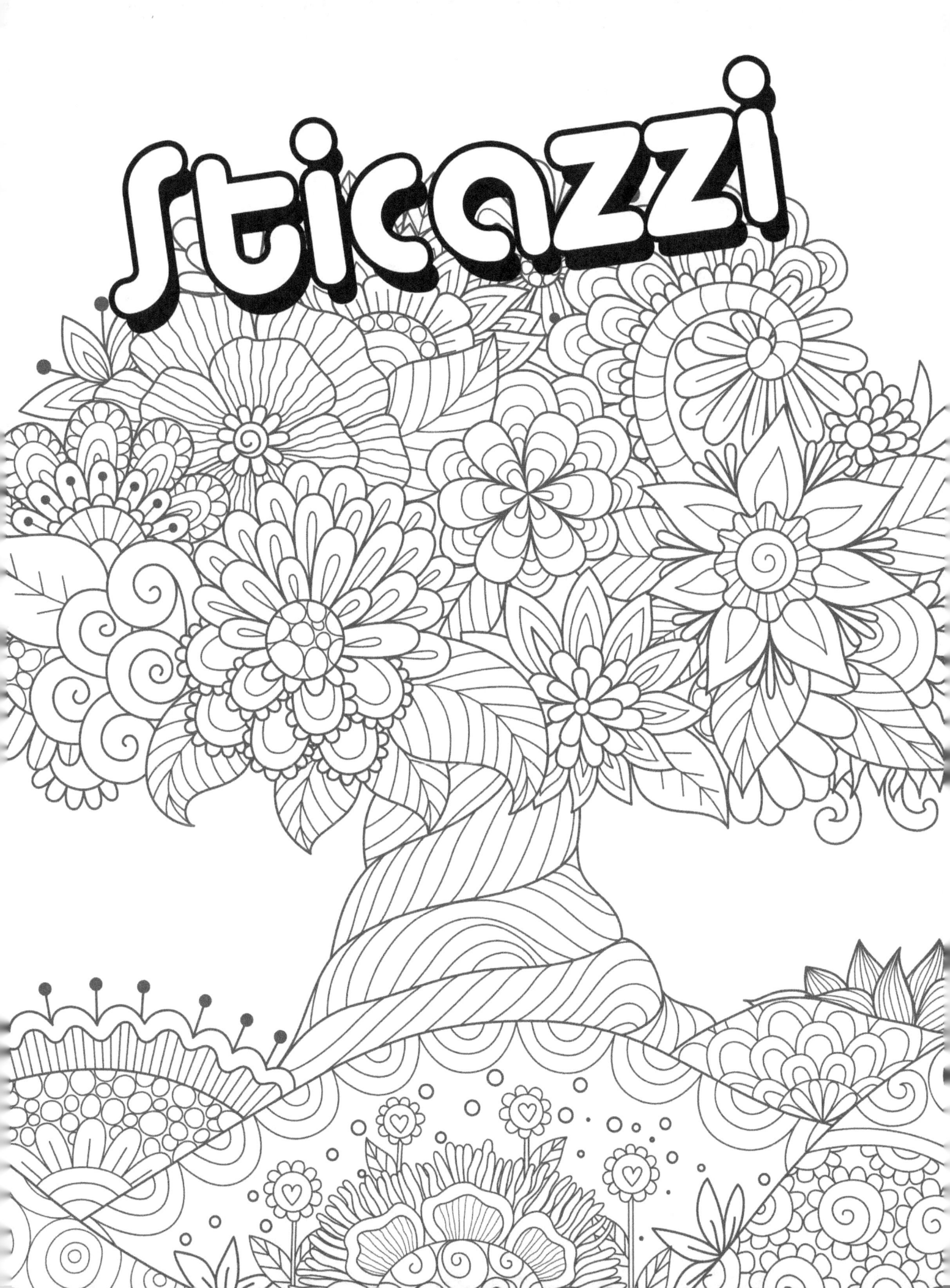

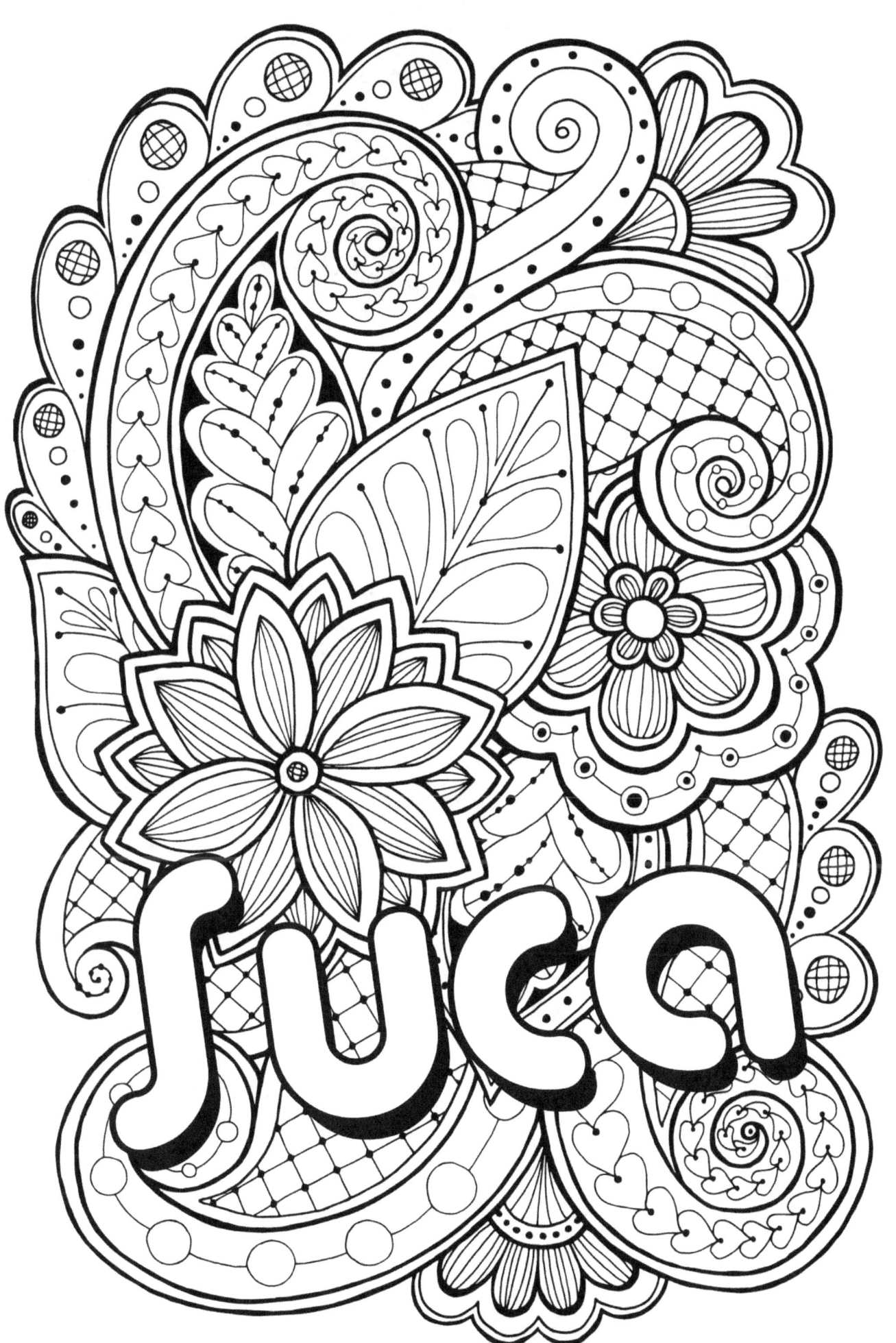

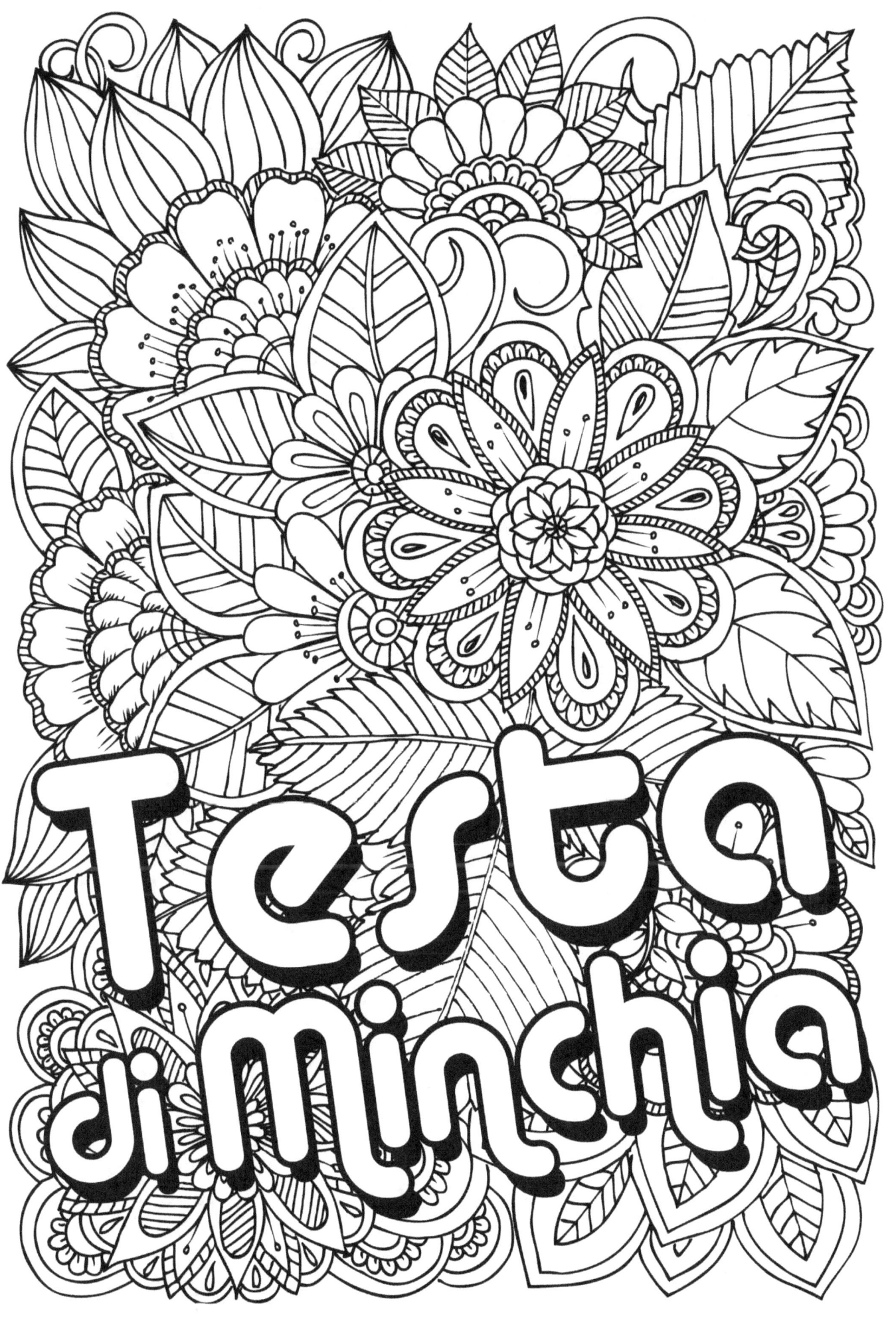

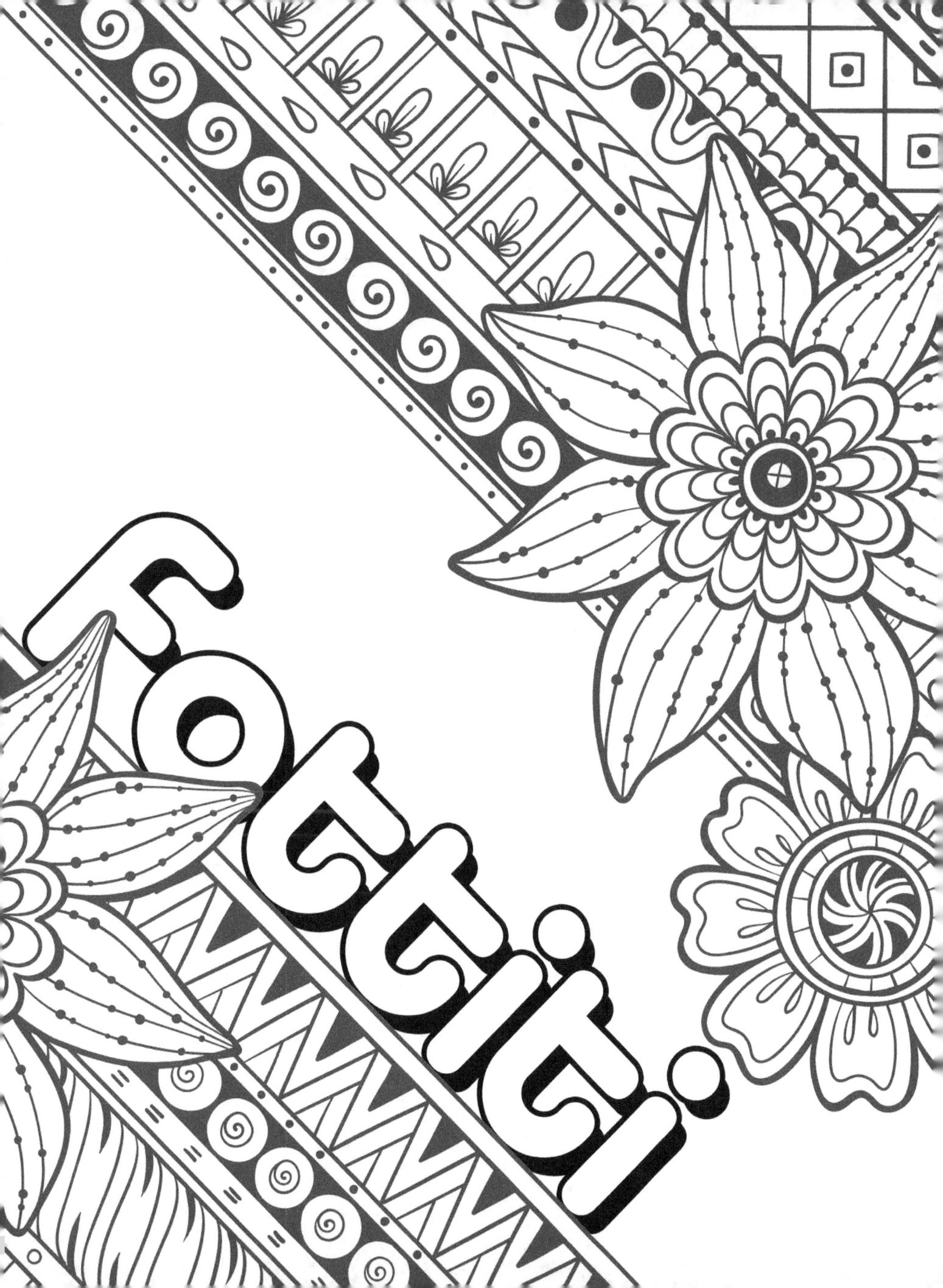

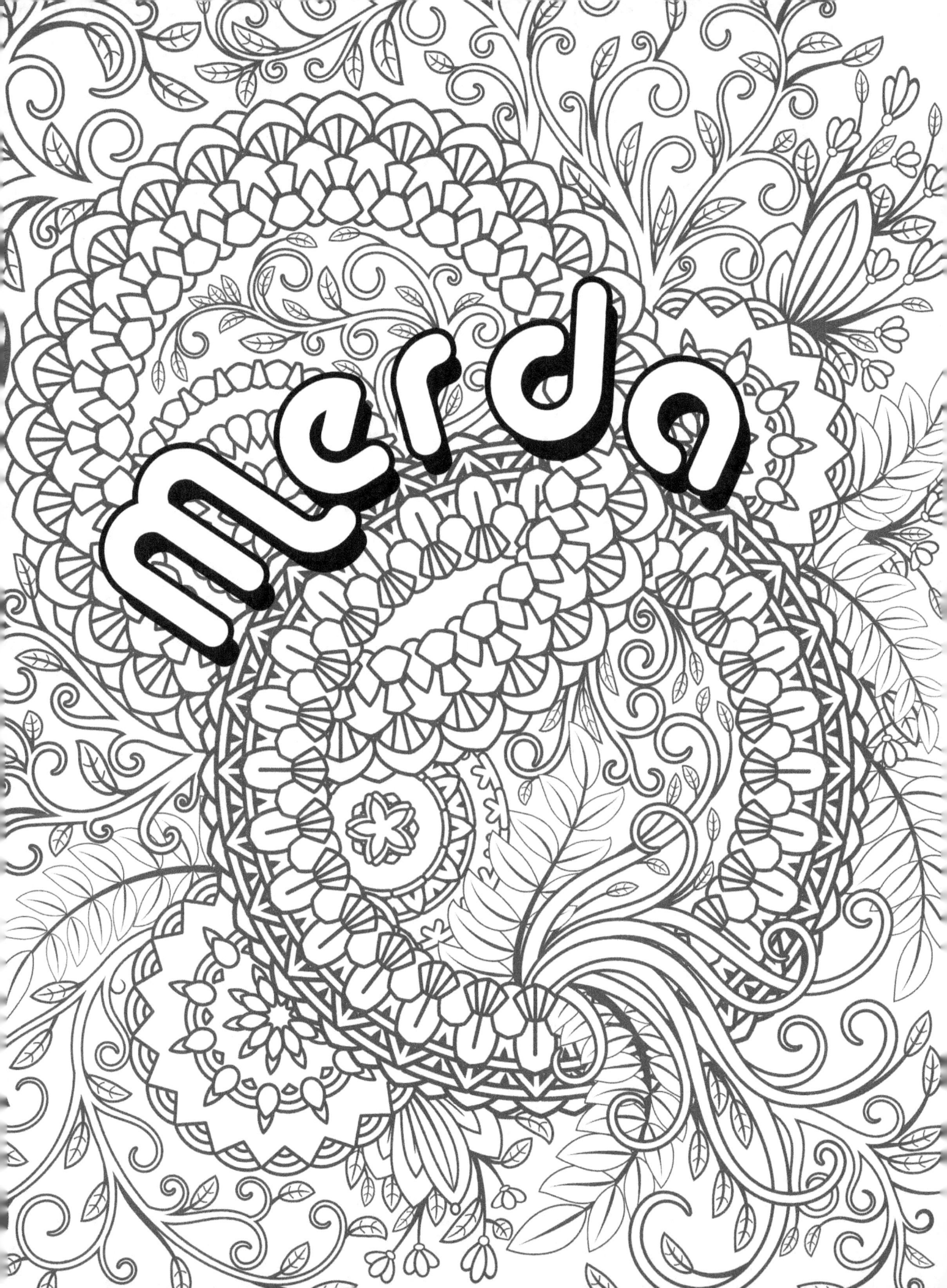

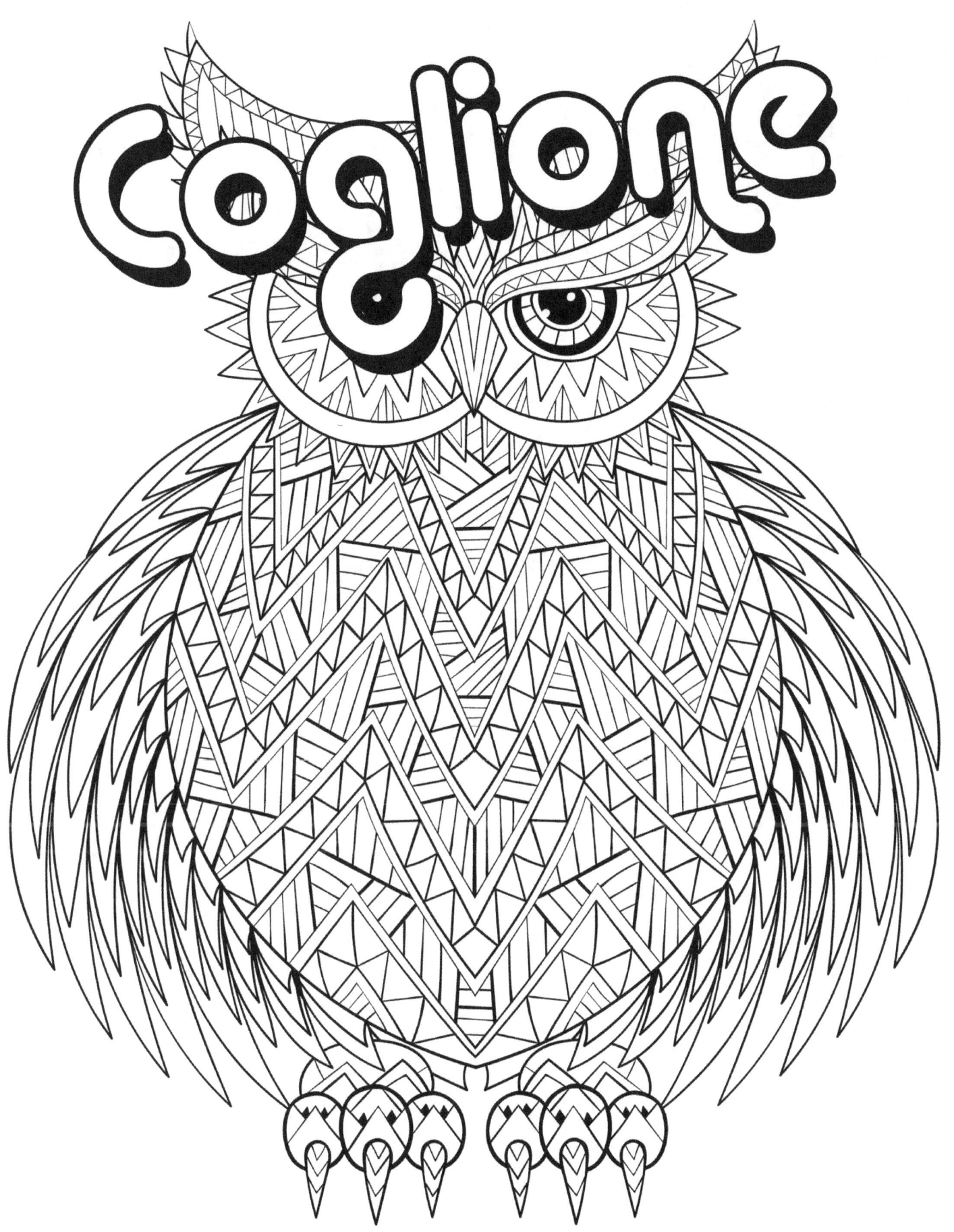

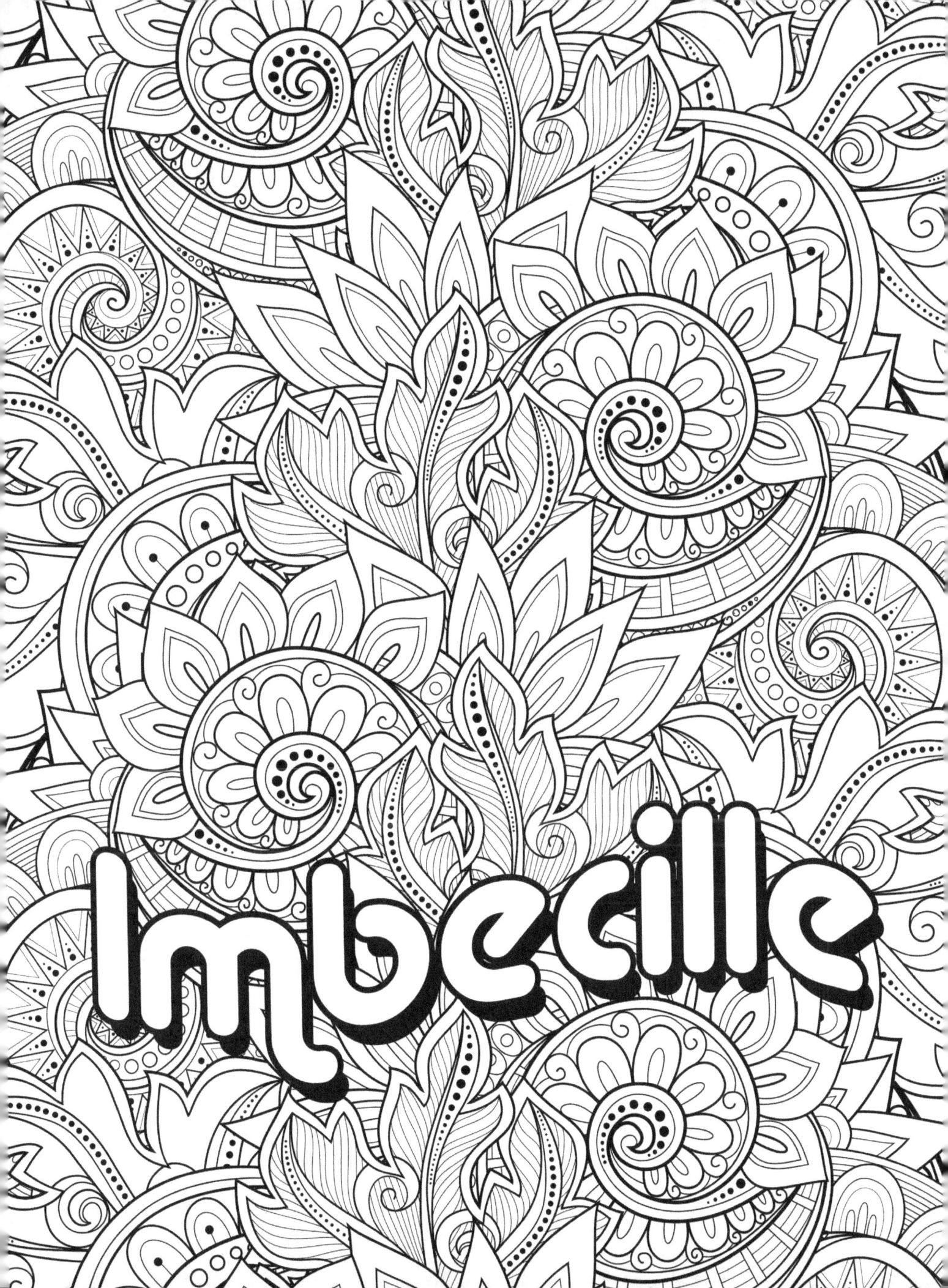

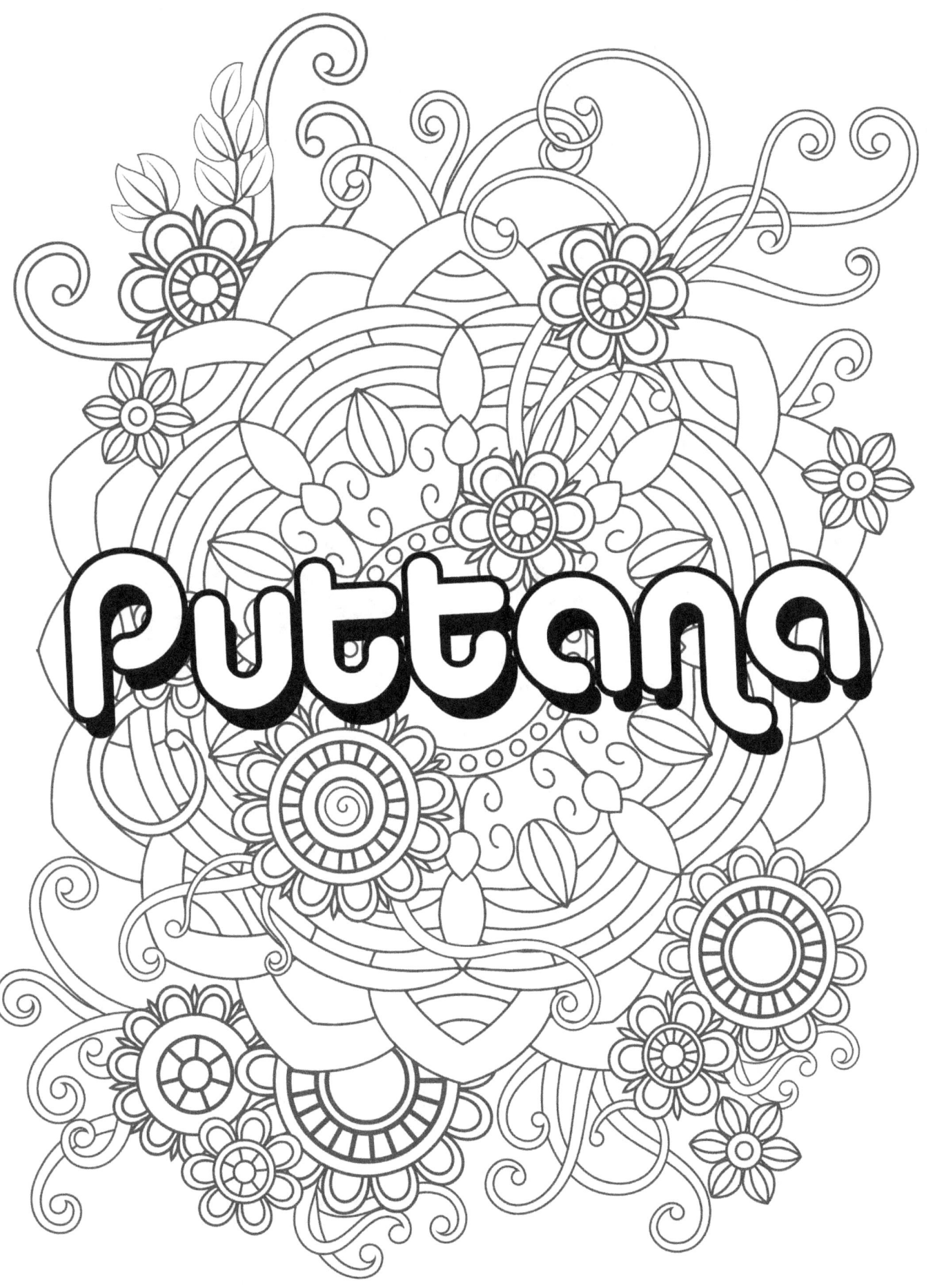

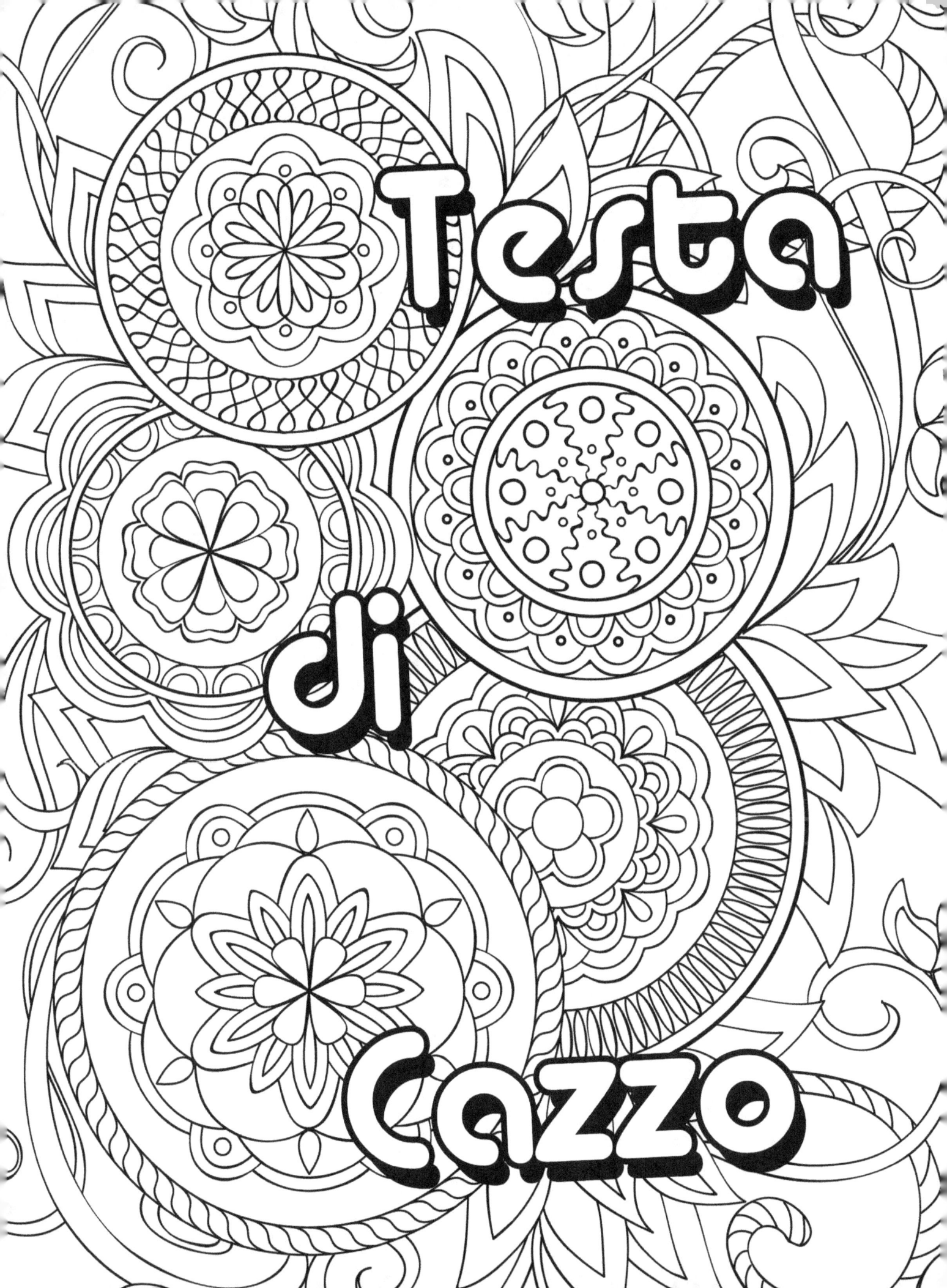

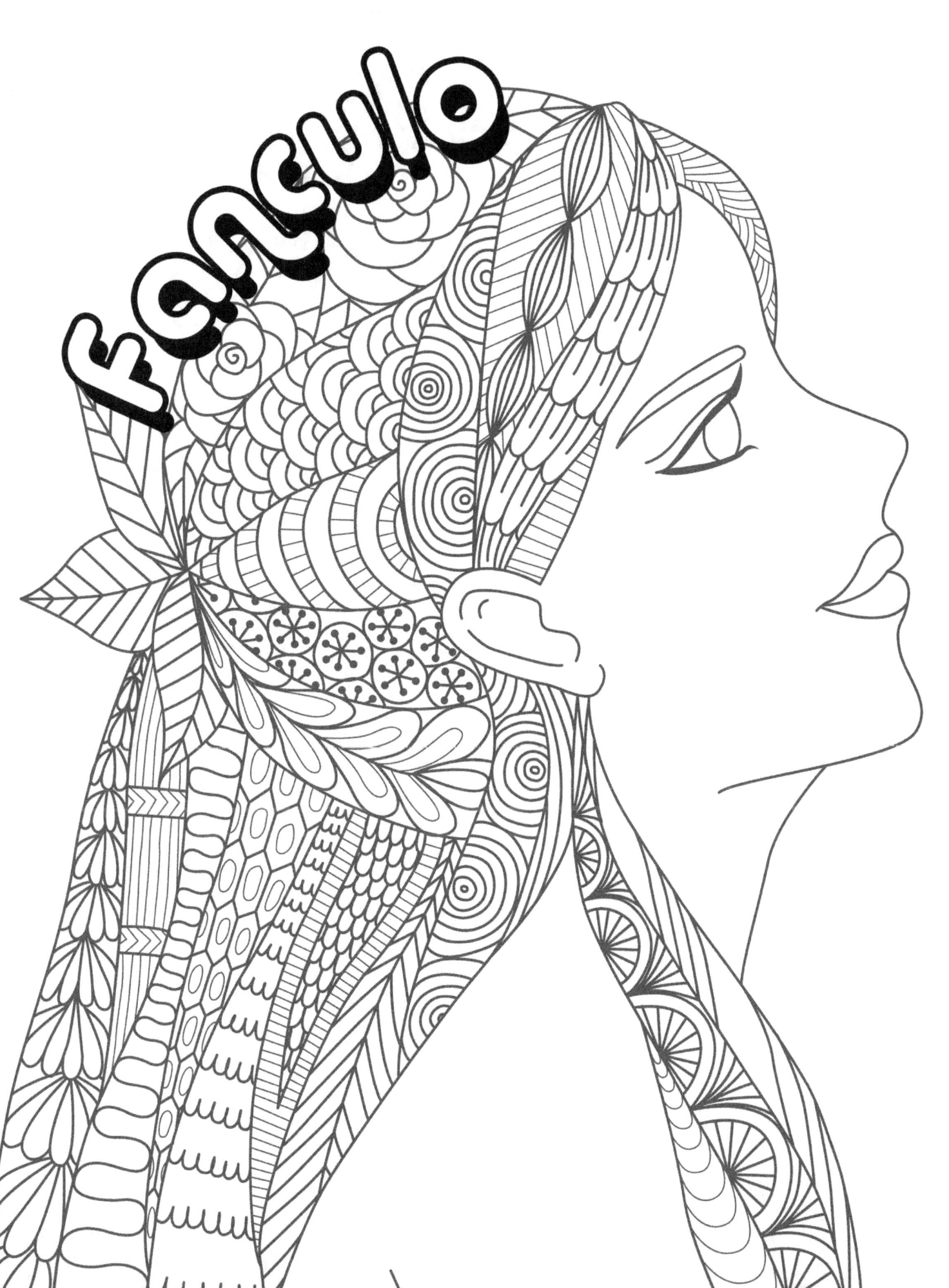

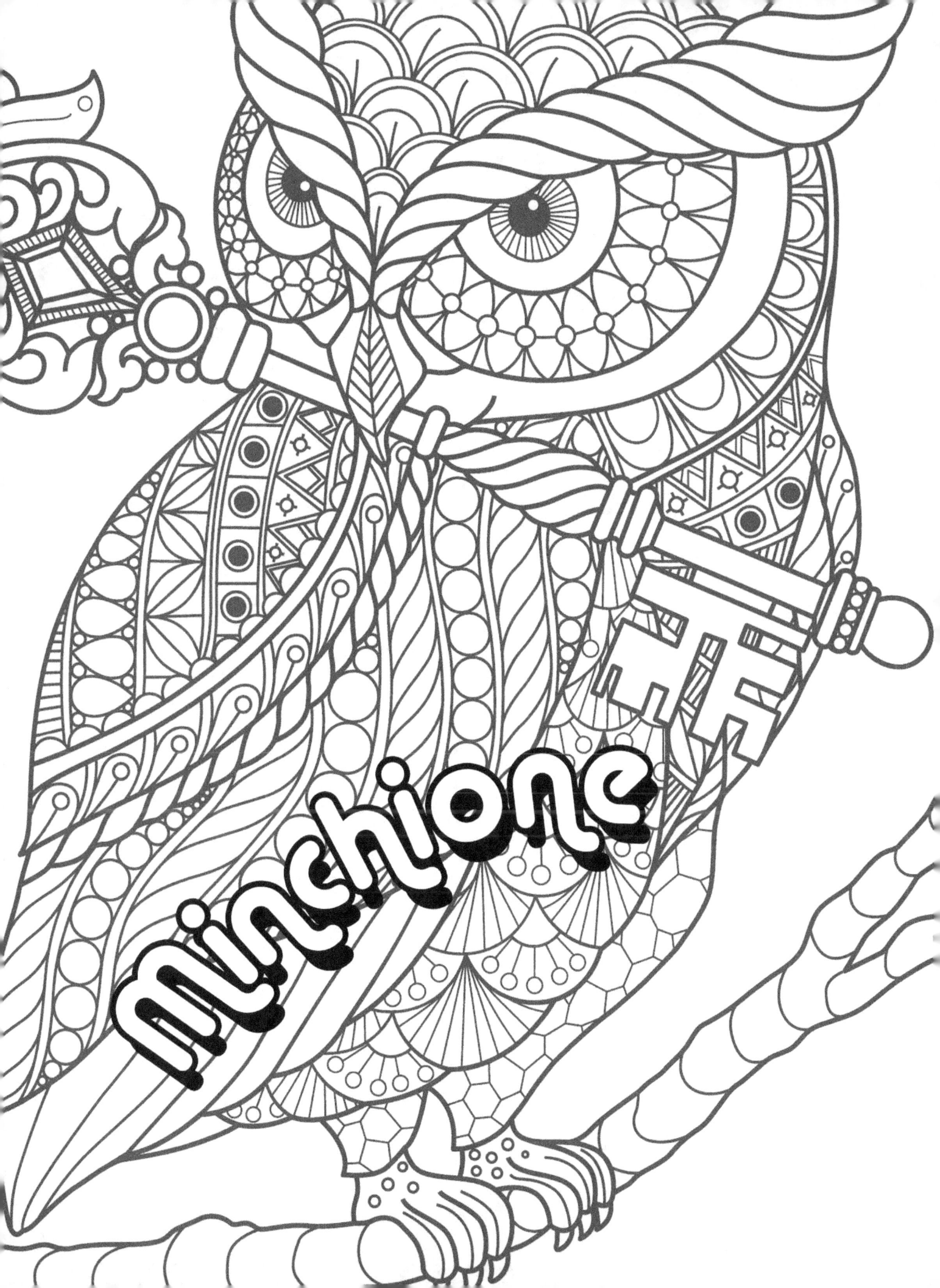

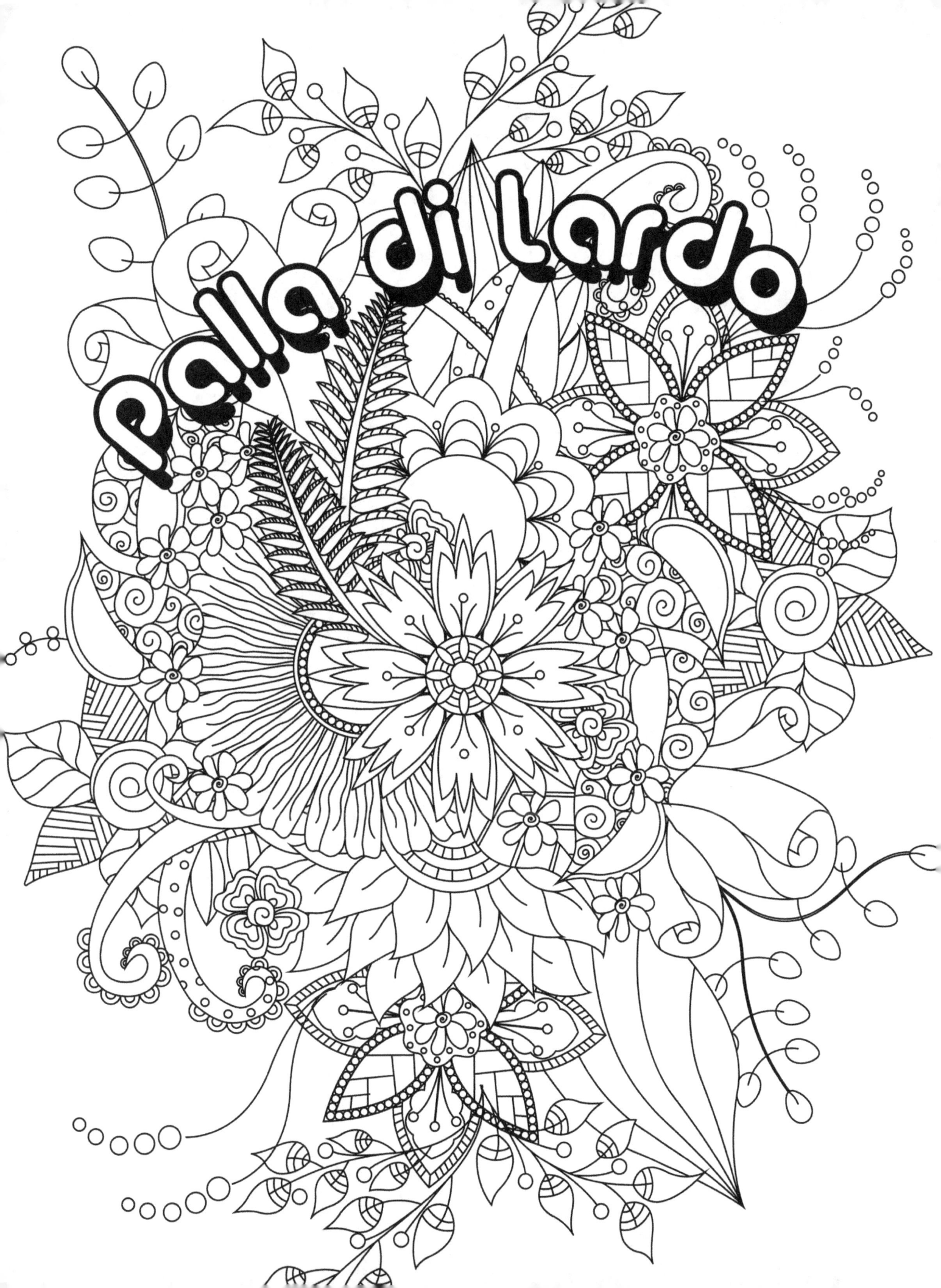

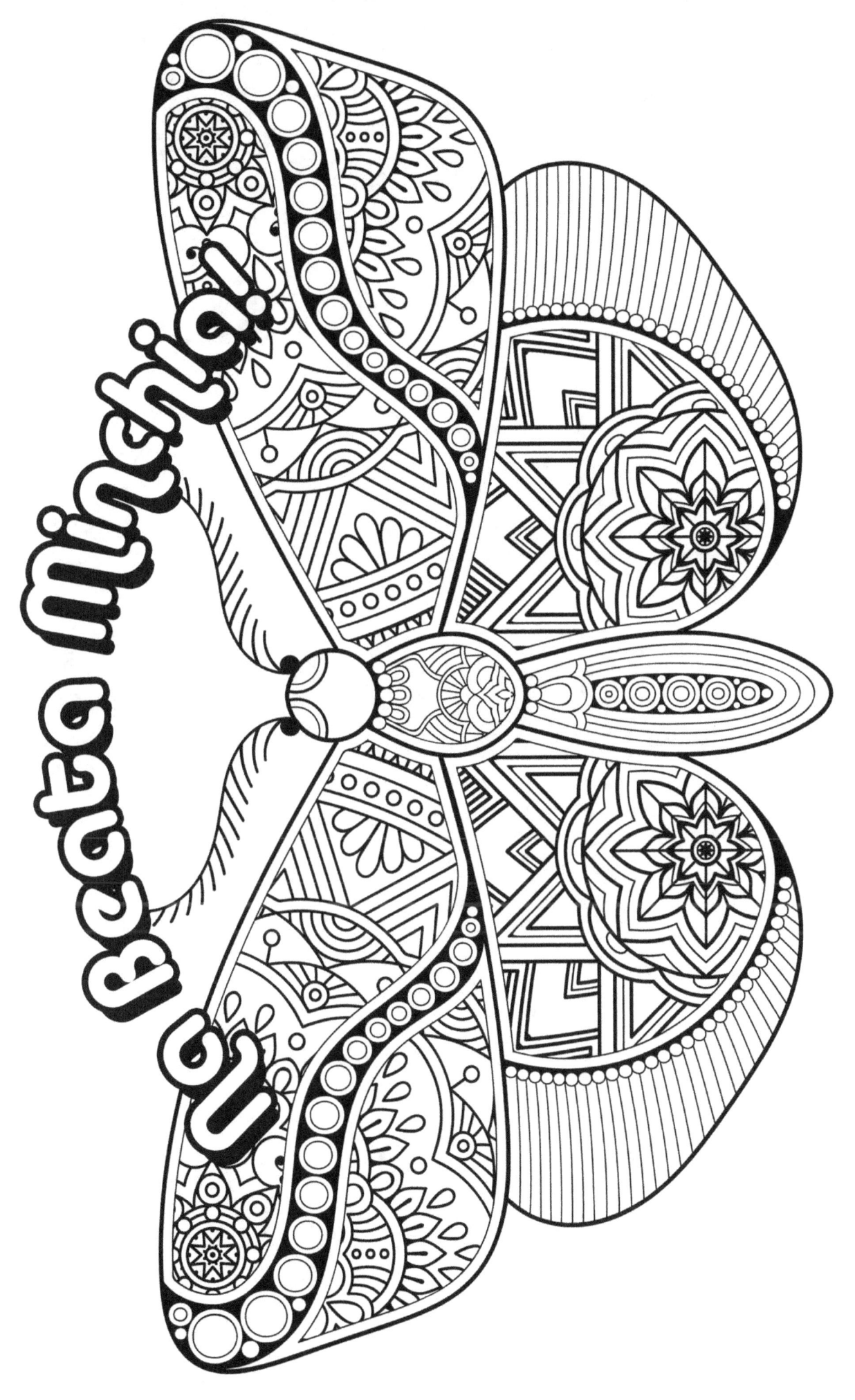

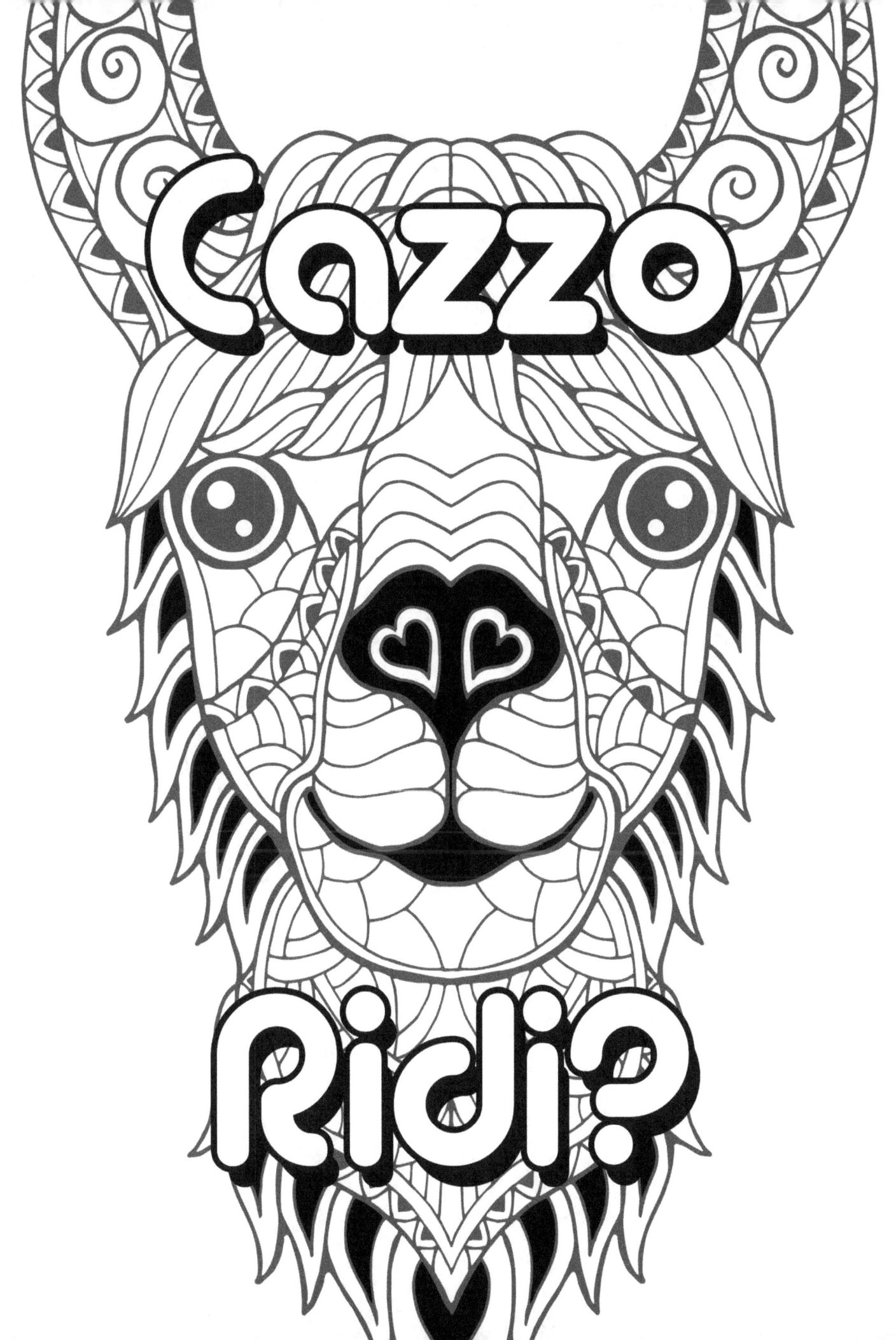

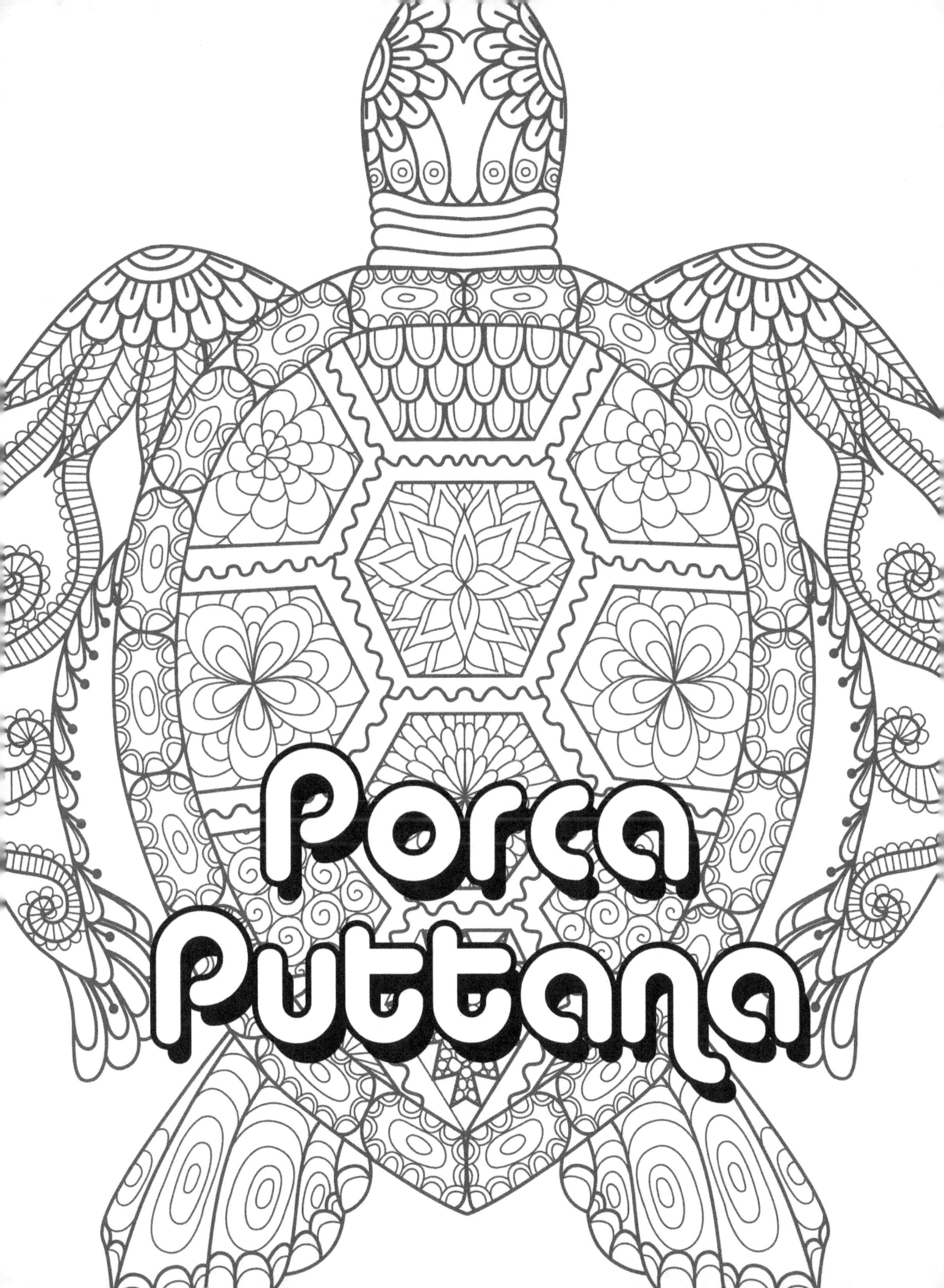

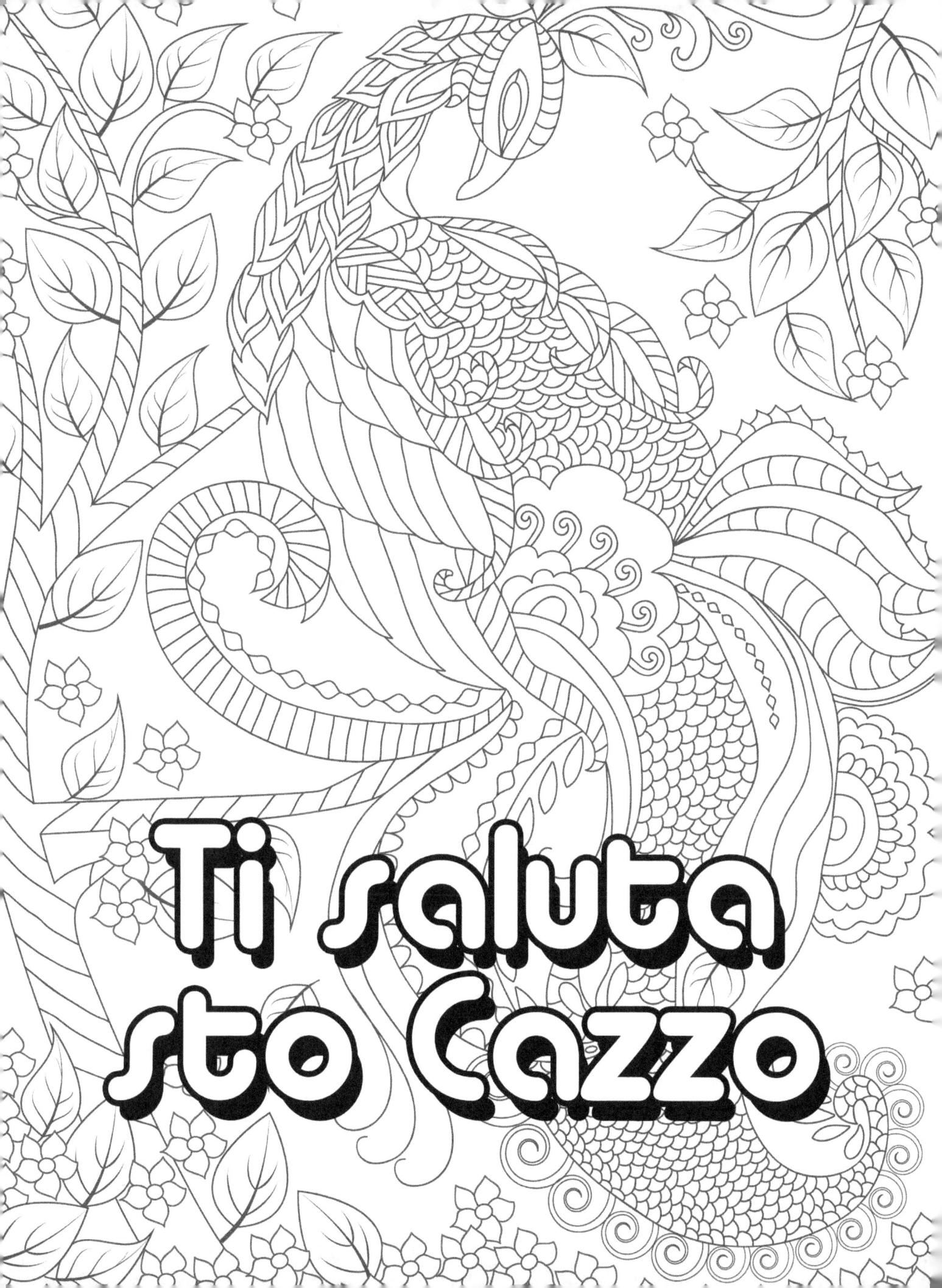

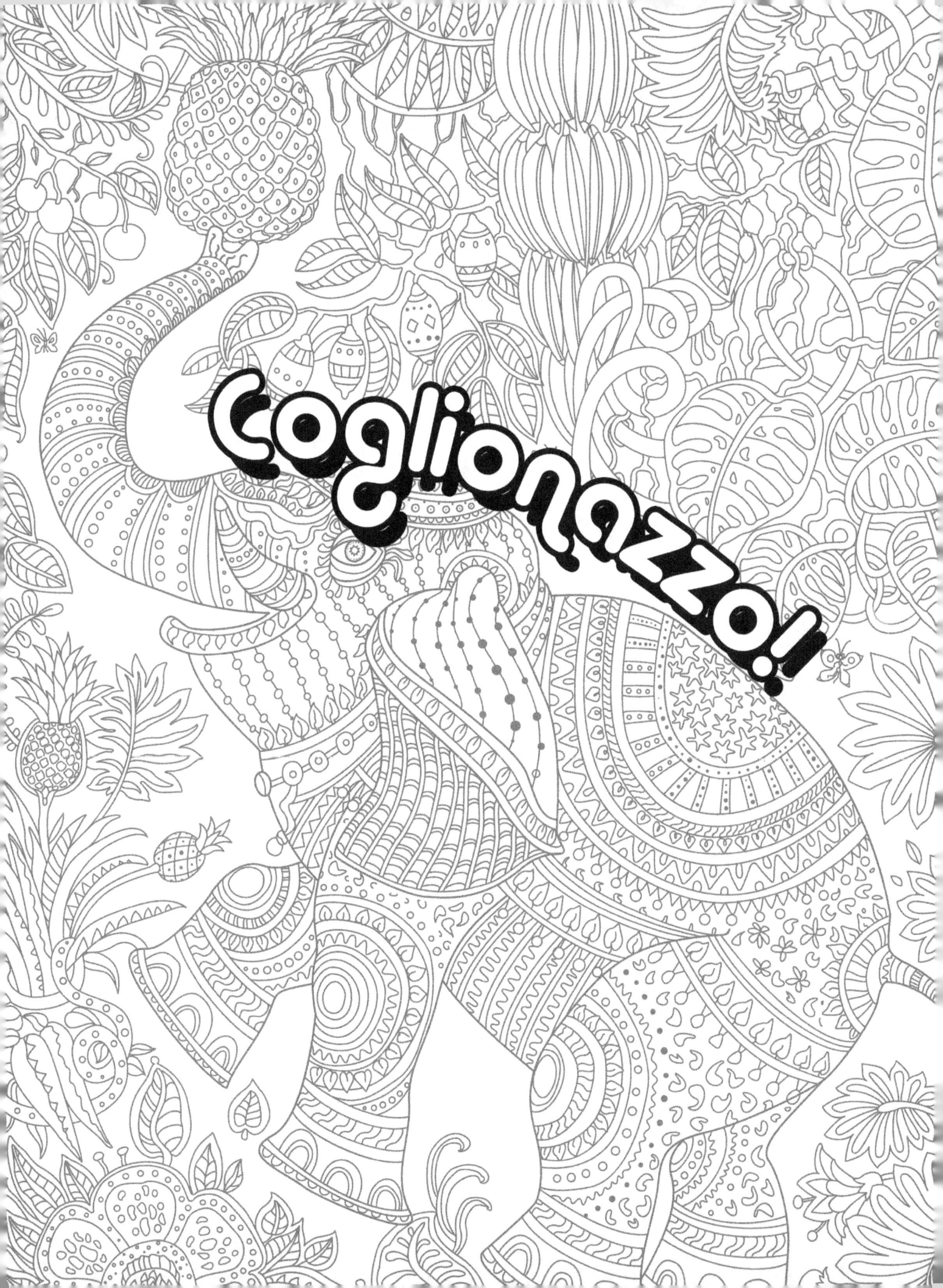

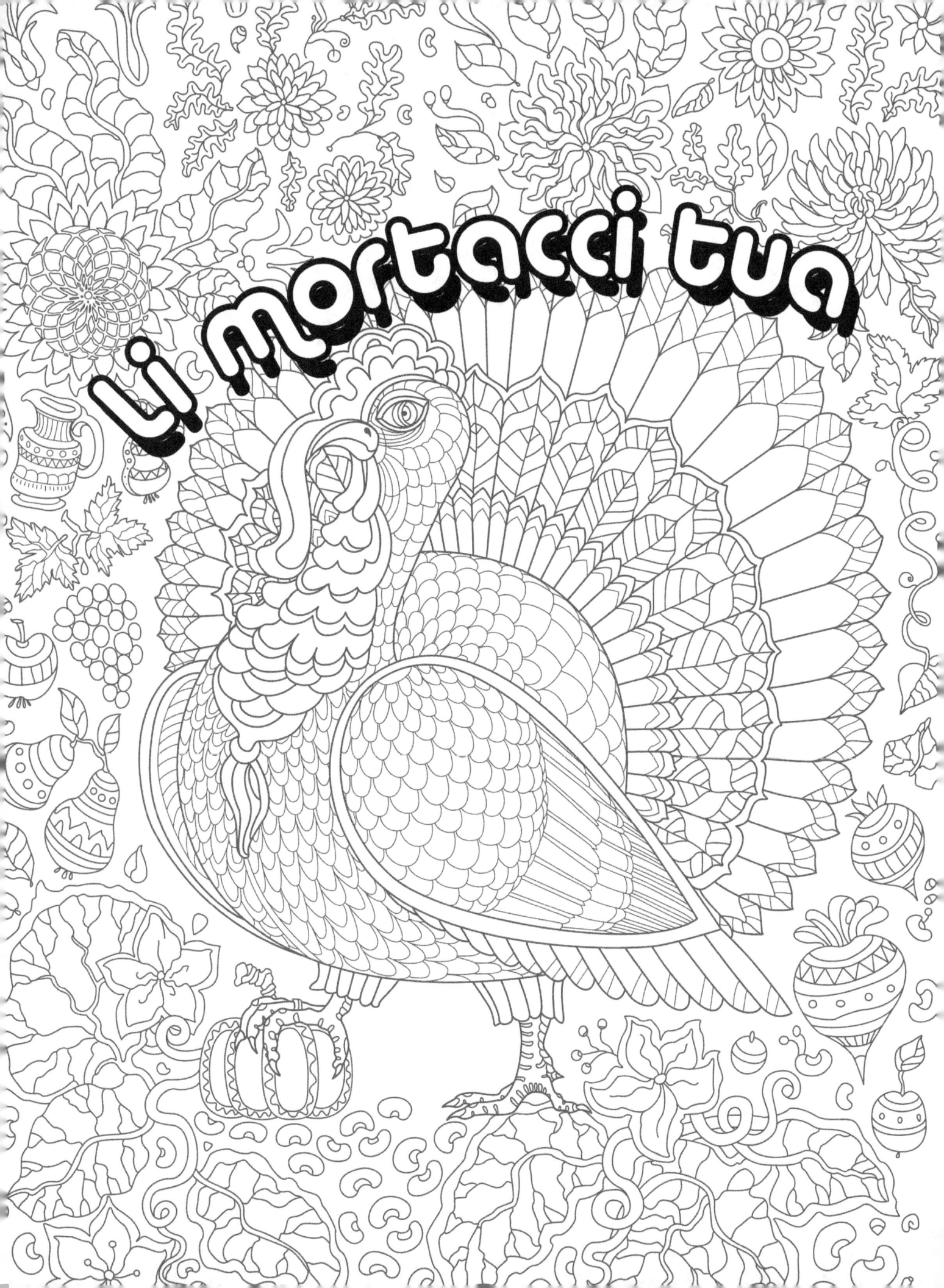

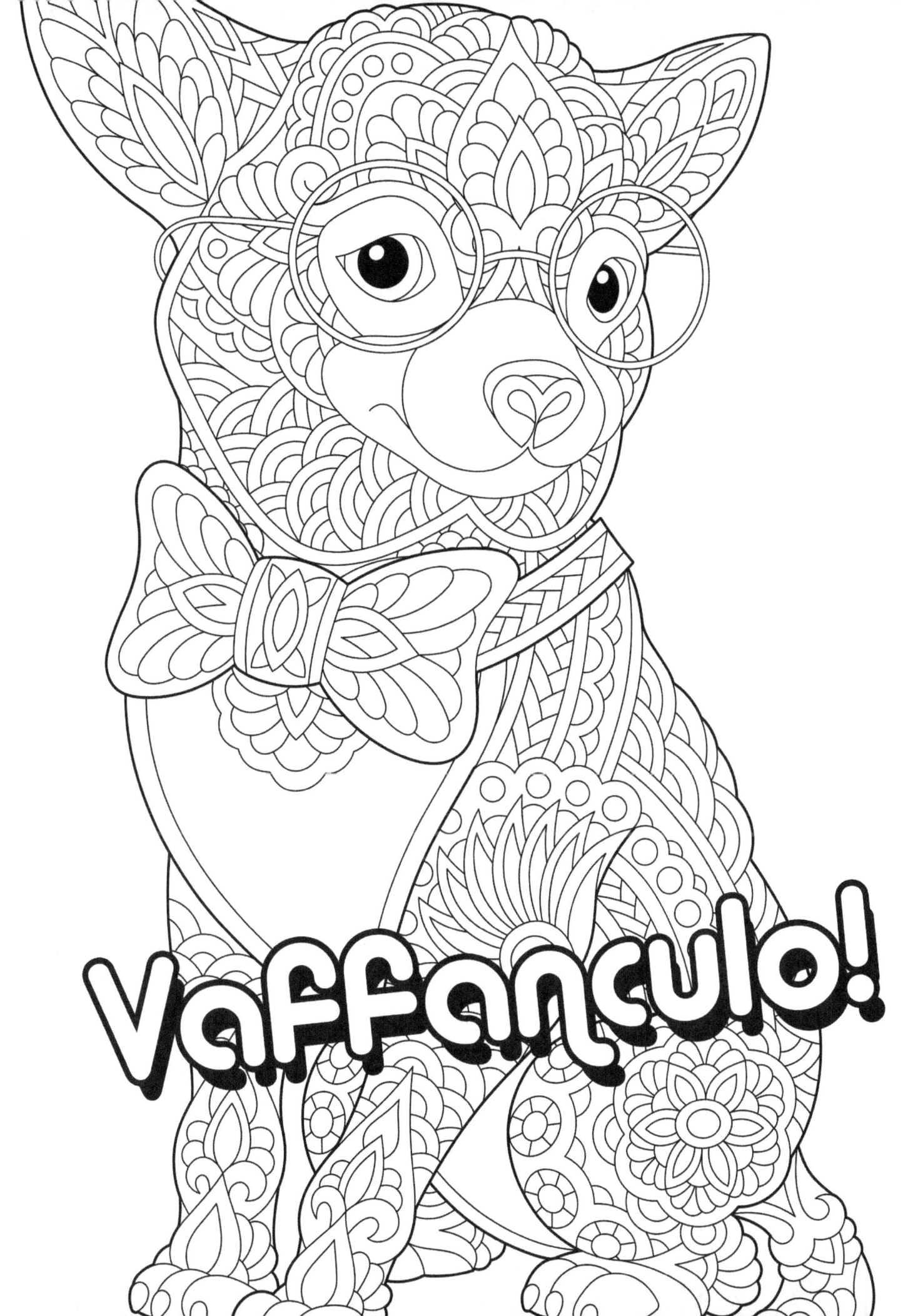

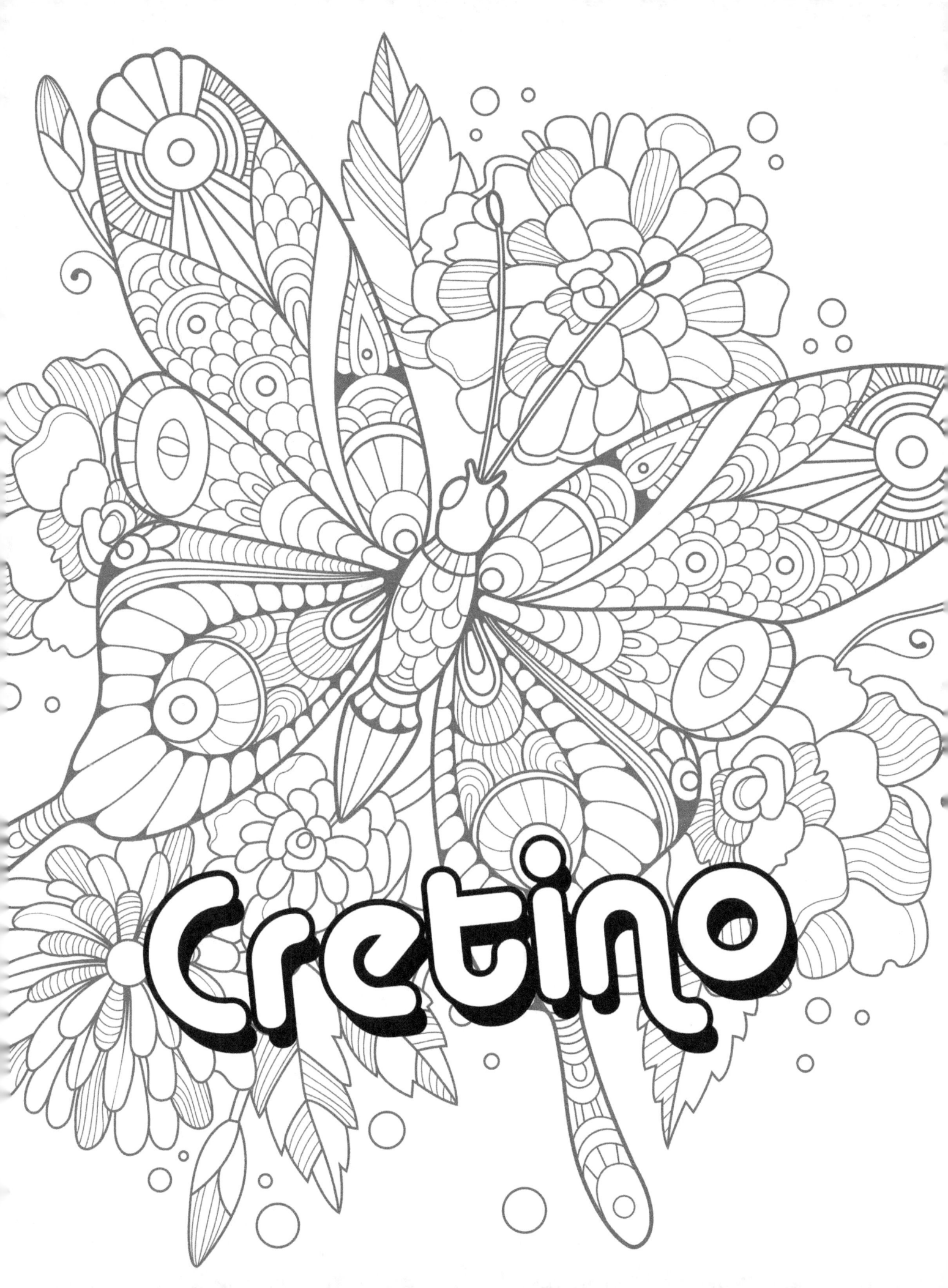

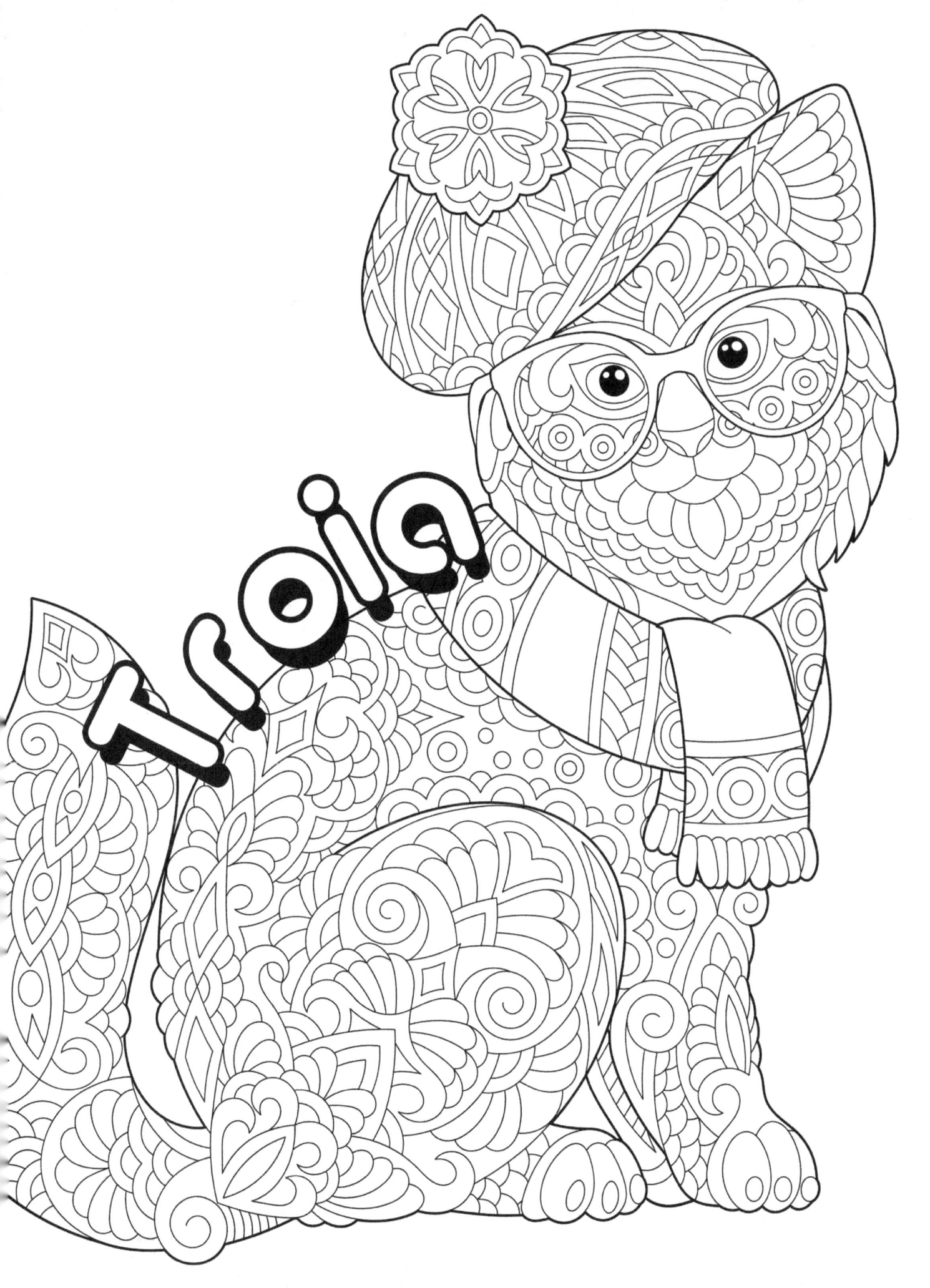

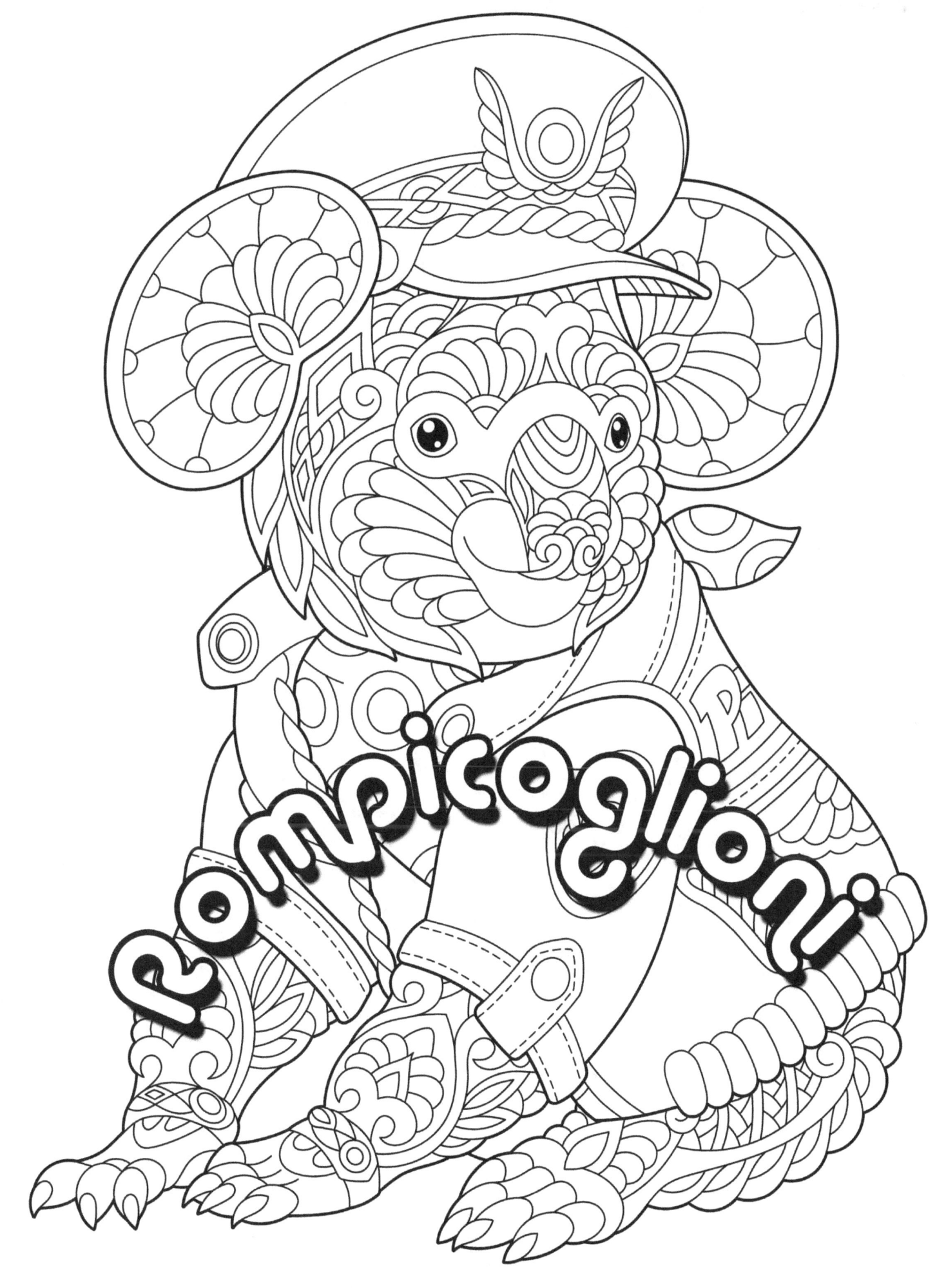

www.ingramcontent.com/pod-product-compliance
Lightning Source LLC
Chambersburg PA
CBHW080531220526
45465CB00006B/2662